KB204399

직장에서 믿음으로 사십니까?

추천의 글

나는 지금까지 변호사 같은 전문인들은 평범한 직장인의 애환을 잘 모른다고 생각했다. 그런데 이병주 변호사의 이야기를 들으면서 변호사도 일하는 영역이 다를 뿐 일반 직장인들이 겪는 것과 똑같은 고민을 하고 똑같은 문제 때문에 힘들어한다는 것을 알 수 있었다. 그러니까 크리스천 직장인으로서 겪은 신앙적인 고민은 일반 직장인들과 전혀 다르지 않았다. 이 책에서 저자는 크리스천 직장인의 한 사람으로서 일과 신앙 사이에서 일어나는 갈등에 대한 개인의 경험을 나누면서 대안을 제시하고 있다. 대부분의 직장인들이 그의 간증에서 많은 도움을 얻을 수 있을 것이라고 확신하면서, 나는 이 책을 모든 직장인들에게 적극 추천한다.

나아가, 지금 내가 이 책을 특별히 강력하게 추천하는 이유는 그가 주님이 가르쳐 주신 주기도문에서 직장의 문제에 대한 성경적인 교훈을 찾았다는 점이다. 나는 어려서부터 매 주일 주기도문을 외웠고 지난 30년 동안은 일터 사역에 헌신했는데 이 둘의 연관성을 발견하지 못했다. 이 변호사는 바로 그것을 발견해서 크리스천 직장인들에게 소개하고 있다. 그것이 이 얇은 책이 지닌 신학적인 무게를 보여준다. 이 책을 읽고 난 크리스천 직장인들은 주기도문을 외울 때마다 자신들이 직장에서 어떻게 살아야 할 것을 새롭게 다짐할 수 있게 되기를 기대해본다.

_방선기 목사 | 일터개발원 대표, 『크리스천 직장백서』 저자

『직장에서 믿음으로 사십니까?』는 유례없이 독특한 직장 선교 매뉴얼이다. 그리스도인이 일과 직장을 어떻게 보아야 하는지 하나님 나라의 관점에서 조망했다는 점만을 말하는 것이 아니다. 일터와 평신도 신학을 접목했다는 사실도 놀랍고, 직장 생활에의 접근이 매우 현실적이고 실제적이라는 점 또한 간과할 수 없는 장점이다. 게다가 매 장 끝의 토의 문제는 직장인들이 하나님 나라의 현장으로 몰입되도록 자극하고 독려할 것이다.

_송인규 | 한국교회탐구센터 소장, 『평신도 신학』 저자

신선하고 실제적인, 도전과 열망을 일으키는 책!

하나님 앞에서 믿음으로 살아가고자 하는 성도들이 제일 많이 무너지고 타협하는 곳이 직장일 것이다. 물론 대부분의 성도는 직장에서도 하나님의 말씀과 믿음의 원리를 적용하려고 몸부림을 치고 그 가운데서 여러 간증의 경험도 하고 믿음을 적용할 수 있는 몇 가지 노하우를 습득하기도 한다. 하지만 이러한 개인적 경험이나 노하우들을 하나님 말씀의 원리에 비추어 자신만의 정리된 직장생활의 원리와 실천지침으로까지 연결하지는 못하고 있다.

이런 의미에서 이 책은 진작에 나왔어야 할 책이고, 그래서 더없이 반가운 책이다. 이 책은 법률회사의 직장인으로 살아가는 저자가 직장생

활 가운데서 부딪히는 여러 어려움과 고민들을 놓고 말씀으로 씨름한 과정들을 담고 있다. 특별히 주님이 가르쳐주신 기도의 내용을 직장생활에서 부딪히는 여러 갈등과 연결해서 적용점을 찾아가는 과정은 매우 신선하고 실제적이다.

그렇지만 저자는 말씀으로 모든 현실을 다 설명할 수 있고 믿음으로 직장 생활의 모든 어려움들을 다 해결할 수 있다고 말하지 않는다. 그는 자신이 실제로 말씀을 적용해서 이해한 부분, 믿음으로 해결한 부분까지만 설명하고 그렇지 않은 부분은 한계로 남겨 둔다. 그러기에 이 책의 내용들이 더 신뢰가 가고, 실제로 적용해서 살아보고자 하는 마음을 일으키고, 저자가 한계로 남겨 둔 부분에서 더 도전하고자 하는 열망을 일으킨다.

이 책을 기반으로 직장에서 믿음으로 살아가고자 하는 분투가 더 많이 일어나고 그 과정과 결과, 여기서 얻은 새로운 원리들이 나누어지기를 기대한다.

_정병오 | 기독교윤리실천운동 공동대표

사회생활을 하면서 스스로 믿음이 좋다고 착각하는 수많은 기독 직업인들이 있다. 직장이나 직업의 현장을 전도를 위한 장으로만 삼고 전도를 위해 잘해주다 교회 가지 않는다고 하면 다시 안 볼 사람처럼 돌아서는 그런 막무가내 기독 직업인들이 있다면 그것은 잘못이다.

그래서 대부분 성도는 사회에서는 관례대로, 교회에서는 순종 잘하는 교인이 되어 이원화된 기독 사회인, 기독 직업인이 될 수밖에 없었다.

내가 사회생활을 시작하면서, 회색지대에서 살아내고 있는 기독 청년들이 어떤 기준을 갖고 살아야 하는지 말해주지 못하는 교회가 늘 안타까웠다. "기도하겠습니다" "기도해야지" "기도할게요" " 더 많이 기도하세요". 물론 그곳에 답이 있다. 그러나 사회생활 하는 기독 직업인들이 기독교란 기준과 함께 전문성이란 기준을 갖고 이 두 가지 중 하나도 포기하지 않고 새로운 대안을 만들어나가는 책은 거의 없었다.

한국에서 볼 수 있는 책 대부분은 기독 직업인들의 개념이나 믿음으로 극복한 내용으로만 되어있지만, 이 책은 관례대로 행하는 것, 관성이 붙은 그 모든 습관에 하나님을 뜻을 기억하고 세밀하게 내 신앙을 반추할 기회가 될 것이며 직업의 현장에서 스스로 기준을 세울 수 있는 기독 직업인으로 거듭날 수 있는 기준을 제시한다.

이 책은 과도한 일을 시키는 상사에 대해, 나를 힘들게 하는 상황에 대해, 직장에서 기독인으로 어떻게 처신해야 하는지 구체적인 기준을 제시해주고 있다. 그래서 이 내용들은 현재 사회에서 힘든 싸움을 하고 신앙과 멀어져가고 있는 기독 청년들, 기독 직장인들, 기독 직업인들에게 큰 도움이 될 것임을 믿어 의심하지 않는다.

_한병선 (한병선 영상만들기 대표, IVF 직장인사역 팀 팀장)

직장에서 믿음으로 사십니까?

직장생활 신앙 메뉴얼

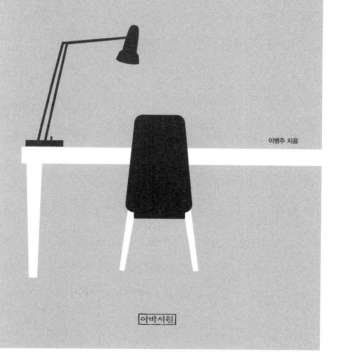

이병주 지음

아바서원

차례

직장에서도 의미 있는 신앙생활이 가능한가?

일반적으로 직장 생활은 무척 바쁘고 개인의 자율적인 생활이 어려운 곳입니다. 특히 입사 후 몇 년간의 하급자 시절에는 단순히 일이 많은 것뿐만 아니라 자기의 일과 시간을 자기가 통제할 수 없는 점이 가장 큰 어려움이고, 많은 사람이 '도대체 이렇게 살아서 뭐 하나?'하는 고민을 하면서 회사를 나가거나 괴로워하는 경우가 많습니다. 한편 회사는 밖으로는 회사 간의 경쟁에서 이기고 잘 나가기를 원하고, 안으로는 구성원 간의 경쟁에서도 서로 잘 나가기를 원하는 분위기여서 '세상에 대한 사랑과 자랑'이 팽배한 곳이기도 합니다.

따라서 저뿐만 아니고 많은 분이 "진지한 크리스천 직장인으로서 회사에서 생활하고 일하는 것이 가능하거나 의미 있는가?"라는 질문을 던지게 됩니다. '불가능하다면' 신앙을 위해서 회사를 떠나거나 회사에서는 신앙을 포기해야 할 것이고, '가능하다면' 회사에 남아서 크리스천 직장인으로서 살아갈 수 있을 것입니다.

'내가 내 직업을 가지고 사는 것에 무슨 의미가 있는가?' '내가 크리스천 직장인으로서 살아가는 것에는 무슨 의미가 있을까?' 하는 문제는 항상 우리가 안고 살아가는 질문입니다. 이제 이런 질문을 가지고 지난 십여 년간 제가 고민해 오고 주변 동료들과 함께 한 걸음씩 걸어온 이야기들을 나누어보았으면 합니다.

이 책은 크게 세 부분으로 나누어져 있습니다.

첫 번째, 서론은 우리들의 인생과 직장의 버거움을 살펴보면서 크리스천 직장인들에게 '직장에서 일 잘하는 법' 뿐만이 아니라 '믿음으로 사는 법', 보다 구체적으로는 '직장에서 믿음으로 사는 법'이 절실하게 필요한 이유를 생각해 봄니다.

두 번째, 믿음으로 사는 법 총론은 우리의 기본적인 질문, '직장생활 속에서 우리는 무엇을 위해 살아가는가?', 그리고 '우리의 직업과 직장에는 신앙적으로 의미가 있는가?'라는 질문을 함께 던지고 그에 대한 우리들의 고민과 대답들을 모아봅니다.

세 번째, 믿음으로 사는 법 본론은 저와 여러분의 구체적인 직장생활 경험, 고민, 묵상들을 모아서, 크리스천 직장인들의 삶의 현실을 주기도문의 인생 기도와 하나님 기도를 따라 다음과 같이 현실적이고 구체적인 토론을 합니다 (1)직장에서 일용할 양식을 구하는 법, (2)직장에서 나에게 빚진 자를 용서해 주고 나의 빚을 용서받는 법, (3)직장에서 시험에 들지 않고 악에서 벗어나는 법, (4)직장에서 하나님의 이름을 더럽히지 않는 법, (5)직장에서 하나님 나라의 진지를 구축하는 법, (6)하나님의 뜻을 직장(땅)에서도 이루어지게 하는 법 등의 순서입니다.

우리의 믿음에는 힘이 있습니다. 이 힘은 교회 생활에서만 나타나는 것이 아니라 직장생활과 우리의 직업을 통해서도 나타날 수 있습니다. 믿음의 진리는 우리를 자유케 합니다(요한복음 8:32). 이 믿음의 진리는 우리의 현실 생활과 직장 생활의 가운데에서도 '단단한 믿음이 주는 인생의 당당함과 자유'로 나타날 수 있습니다. 이 진리와 자유를 위하여 하나님을 사랑하고 한국교회를 사랑하는 모든 크리스천 직장인들과 함께 이 작은 책자를 나누고자 합니다.

이 소책자의 내용은 저자의 『호모욕쿠스-욕해야 사는 인간』(아포리아)과 『평신도의 발견(개정증보판)』(대장간)의 일부에 실렸던 글을 기초로, 이 책의 목적에 맞게 내용을 보충하고 수정, 보완한 것입니다. 제가 다니던 회사의 신앙모임에서 사실상 이 책의 구체적인 내용 대부분을 함께 형성해 주신 세종성경모임의 동료들, 기독교 신앙의 직업적이고 현실적인 문제들을 함께 고민하고 토론해온 여러 평신도 단체의 형제자매들, 그리고 이 책을 통해서 직장에서 믿음으로 사는 법을 함께 토론하고 실천해 나갈 모든 크리스천 직장인 형제자매들께 감사드립니다.

1장 직장에서 믿음으로 사는 법_서론

들어가는 말

———————

직장생활과 신앙

저는 20년 가까이 법률회사에서 직장생활을 한 변호사입니다. 직장생활 초반 몇 년 동안 저는 크리스천이 아니었습니다. 직장에 적응하고 그곳에서 살아남는 일은 그 자체가 쉬운 일이 아니었습니다. 직장생활의 중간 무렵에 예수님을 믿게 되고 저는 그 이후 상당히 열심히 믿는 크리스천으로 살게 되었습니다. 처음에 저는 크리스천이라는 신앙적 정체성을 매일매일의 회사생활과 어떻게 연결 지을 수 있을지 막막했습니다. 세상의 재산 싸움을 거들어주면서 돈을 버는 저의 직업은 신앙의 거룩한 일과 가장 거리가 먼 직업 중의 하나라고 생각했기 때문입니다. 독실하고 성실한 신앙적 일꾼이 되기 위해서는 기회가 나는 대로 하루빨리 이 바쁘고 세상적 욕망에 가득 찬 직장을 떠나야 하는 것이 아닌가 생각했었습니다.

그러나 시간이 지나면서, 저는 서서히 저의 직장생활과 직업 속에서도 직장 동료들 및 고객들과 함께 하면서 나의 신앙을 진지하게 실천해 나갈 수 있다는 것을 발견하게 되었습니다. 이것은 제가 전혀 기대했던 것 이상의 경험이었습니다. 저는 동료들과 회사에서 성경모임을 만들고, 매주 수요일 점심 시간에 만나서 성경을 읽고, 직장의 갈등과 직업상의 고민들을 함께 나누었습니다. 세상의 힘은 너무나 강해서 우리는 인생의 현실적 어려움을 겪을 때 사실상 우리의 신앙을 포기하게 되는 경우가 많습니다. 그러나 우리의 신앙에는 그러한 현실에 당당히 맞서 세상이 주는 시험을 감당하고, 거꾸로 믿음의 원리로 그 세상 자체를 시험에 빠뜨릴 수 있는 힘이 있다는 점을 깨닫게 되었습니다.

어떤 직업을 가지는 것, 어떤 직장에 다니는 것 자체만으로 우리에게 인생의 행복과 의미가 보장되지는 않습니다.

우리가 믿음을 가지고 있다고 해서, 그것만으로 우리의 일과 직장이 금방 하나님 나라의 유쾌함이 가득한 장소로 변화하는 것도 아닙니다. 빡빡하고 답답한 일상과 업무 속에서 우리가 가진 믿음은 어디까지 능력을 발휘할 수 있을지, 믿음이 우리 삶과 일의 막연한 의미를 어떻게 채울 수 있는지, 지난 십여 년간 제가 다니던 직장의 성경모임에서 함께 모여 말씀을 공부하고, 직장생활과 직업에서 오는 갈등과 괴로움을 동료들과 나누면서, 깊이 고민하고 정리해 온 내용들을 직장과 생업 속에서 씨름하며 살아가는 동료 크리스천 직장인들과 함께 나누려고 합니다.

인생과 직장의 버거움

인생을 사는 일은 쉽지가 않습니다. 오늘은 좋은 일이 있어서 웃었는데 내일은 갑자기 마음이 답답하고 가슴이 먹먹해지는 일이 생깁니다. 가정이 평안하면 회사에서 적응이 안 되고, 회사 생활에 재미가 붙으면 갑자기 가정에 사랑하는 사람에게 아픈 병이 생깁니다. 우리가 시험에 합격하거나 취업에 성공하면 잠깐은 즐겁고 행복한 사람이 되지요. 그렇지만, 막상 학교에 들어가거나 직장에 출근한 직후부터는 예상외로 일들이 꼬이고 우리는 금방 똥 씹은 표정에 비 맞은 개처럼 기가 죽어서 돌아다니게 됩니다. 일이 너무 많아도 문제이고, 일이 너무 적어도 문제입니다. 일이 너무 많으면 몸이 지쳐서 힘이 들지만, 일이 너무 적으면 마음이 불안해져서 힘이 듭니다.

세상은 만만한 곳이 아닙니다. 세상에서 살기 위해서 우리는 끊임없이 일하고, 공부하고, 돈 벌고, 사람들이 시키는 일을 하고, 다른 사람 눈치를 보고, 때로는 밤을 새우고, 그러고도 일을 잘 못 한다고 욕을 먹거나 무시를 당하기도 해야 합니다. 안타깝게도, 세상과 직장에서 우리가 만나는 사람들은 나의 부모나 형제, 가족이 아닙니다. 내가 힘들어도 어리광을 피울 수 있는 대상이 아닙니다. 다 내가 현명하게 감당해야 합니다. 내가 감당하지 못하면 인생이 더 힘들어집니다.

직장생활을 해보니, 돌아가신 저의 아버님께서 "세상에서 남의 돈 먹는 일에는 쉬운 일이 하나도 없다"라고 자주 하셨던 말씀이 맞았습니다. 많은 공부를 하고 준비를 했어도 막상 구체적으로 내가 맡은 업무와 사건을 잘 처리하기는 쉽지가 않고, 때로 위험하기도 했습니다. 특히 직장에 취업해서 일하는 초기의 수년 동안, 우리는 인생의 재미도 낭만도 찾지 못하고, 직장 상사나 고객들과의 관계에서 수많은 상처를 받고, 자신감과 자기 확신도 점점 증발해 버리고 쪼그라드는 상실의 과정을 겪게 됩니다.

직장에서 '믿음으로 사는 법'

이런 상황에서 우리의 믿음은 어떤 힘을 쓸 수 있는가? 복잡한 세상을 살아가는데 과연 우리의 믿음이 도움이 되는가? 아니면 거추장스러운 짐에 지나지 않는가? 직장의 사무실에서 일할 때는 믿음을 살짝 옆에 내려놓고 일에만 집중하는 것이 현명한 것이고 믿음은 주일에 교회 생활에서만 채우는 것이 현실적인 것이 아닌가? 세상과 일 속에서도 믿음을 붙잡고 씨름하면서 살아간다는 것이 우리 인생에 도움이 되고 또 가능하기는 한가?

직장생활 초년병 시절에는 세상일에 적응하고 나날이 다가오는 직장생활의 긴장과 갈등을 소화해내는 것 자체가 만만치 않습니다. 따라서 직장과 신앙의 통합, 일과 믿음의 결합, 이런 얘기들은 모두 장래의 먼 얘기이고 비현실적이며 사치스러운 논의라고 느끼기가 쉽습니다. 그러나, 하나님 없는 인생은 허무하고, 하나님 없는 직장인으로서의 성공도 무의미합니다. 전투적인 믿음을 갖지 않으면 세상에 패배하고 주일에 교회로 대피하는 무기력한 크리스천이 됩니다. 하나님의 말씀은 살았고 운동력이 있어 좌우에 날선 어떤 검보다 예리합니다(히브리서 4:12). 세상과 일은 온갖 무기로 우리를 공격하고 헤매게 하고 쓰러뜨리려 하는데, 우리들이 우리가 가진 믿음의 보검을 써먹지 않고 칼집 속에서 녹슬게 만들면서 그저 힘들어하고 슬퍼하고 한량 없이 괴로워한다면, 신앙인으로서 이것처럼 바보 같고 억울한 일은 없을 것입니다.

저는 직업상 민법도 잘 알고 형법도 잘 알고 민사소송법도 대충 압니다. 그러나 직장에서 일하면서 살아보니 민법, 형법, 민사소송법은 제게 '밥'을 주지만, 인생 문제를 '해결'해 주지는 않는다는 것을 깨달았습니다. 그래서 저는 우리들의 일과 신앙이 어떻게 연결될 수 있을지, 민법 형법 소송법이 아닌 '믿음으로 사는 법'을 공부할 필요를 느꼈습니다.

이제 우리나라의 모든 직장인과 함께 '직장에서 믿음으로 사는 법'의 공부를 시작하고자 합니다. 우리가 직장에서도 믿음으로 살자는 이야기는 많이 했지만, 막상 '직장에서 믿음으로 살아가는 법'은 구체적이고 상세하게 배워본 일이 별로 없지요. 교재가 없으면 우리가 스스로 만들어야 합니다. 필자인 저는 질문을 만들고 독자인 여러분은 모두 자기 자신의 답을 채워나가는 방식으로 이 믿음의 교재를 함께 만들기 원합니다.

우리가 알다시피 '믿음으로 사는 법'의 기본원리는 모두 성경과 하나님의 '말씀' 속에 들어있습니다. 그런데 현실적으로 '직장에서 믿음으로 사는 법'의 구체적인 적용 내용은 모두 세상과 직장이라는 우리 삶의 '현실', 우리 인생의 도화지 위에 그려져 있습니다. 하나님의 '말씀'이 우리 인생의 '현실'에 드러나는 것이 우리 신앙의 '성육신'입니다. 과연 성경의 말씀과 원리들이 우리의 직장과 현실 생활 속에 어떻게 성육신 되어 나타나고 적용될 수 있는지, 직장 속에서 겪어왔던 우리 모두의 고민과 질문, 괴롭고 즐거웠던 경험, 진지한 묵상들을 모아서 실질적인 토론을 벌여보는 것이 이 조그만 소책자의 목적입니다.

'직장에서 믿음으로 사는 법'에 대한 이 책의 질문과 대답들은 크게 두 가지 범주로 나누어집니다. 다음 장에서는 총론적으로, 직장생활과 신앙의 관계에 대한 기본적인 질문들로서, 내 인생의 목적은 무엇인지, 우리의 직업과 직장생활에는 어떤 신앙적 의미가 있는지에 대한 두어 가지 질문을 함께 던지고 우리 스스로 대답해 봅니다. 그다음 장에서는 현실적인 본론으로, 구체적인 직장생활 속에서, 현실적으로 돈을 벌기 위해 일을 하고 동료 선후배들과 갈등하고 씨름하는 속에서 우리가 배운 성경의 말씀과 신앙원리들이 어떻게 우리의 눈을 뜨우고 우리의 마음을 자유롭게 하며 당당한 신앙의 힘을 주는지, 예수님이 가르쳐주신 우리 삶의 핵심 질문(기도)들인 주기도문의 여섯 기도를 따라서 우리 인생과 직장생활의 신앙적 씨름에 관한 구체적인 질문과 대답을 찾아봅니다.

우리가 알다시피 주기도문의 앞부분 세 가지 기도(청원)는 하나님에 관한 기도이고, 뒷부분 세 가지 기도는 우리들 인생에 대한 기도입니다. 이 책에서는 먼저 우리 '인생'의 대부분을 차지하는 직장생활의 구체적이고 현실적인 상황을 파악하기 위해서, 주기도문 후반부의 세 가지 '인생(人生) 기도', 즉 직장에서 일용할 양식을 구하는 기도, 직장에서 타인을 용서하고 용서받는 기도, 직장에서 시험과 악에 빠지지 않는 기도를 우리의 현실 생활에 적용합니다. 그다음으로는 직장생활 속에서 '하나님'을 추구하는 의미를 찾기 위해서 주기도문 전반부의 세 가지 '하나님 기도', 즉 직장에서 하나님 이름을 더럽히지 않는 기도, 직장생활 속에서 하나님 나라를 추구하는 기도, 하나님 뜻을 땅(직장)의 현실에 이루기 위한 기도를 우리의 직장생활에 적용해 보겠습니다.

예수님의 가르침대로, 우리가 진리를 알면 그 진리가 우리를 자유케 합니다.[1] 자유를 주지 못하는 진리는 참된 진리가 아닙니다. 이 믿음의 진리는 우리를 교회와 내세에서만 자유케 하는 것이 아니라, 우리를 직장과 현실의 세상에서도 자유케 하는 힘이 있습니다. 우리가 이 힘을 모르면 직장과 세상 속에서 계속 시름하면서 절망하게 되지만, 우리가 이 믿음의 힘을 알면 직장과 세상 일의 현실적 압박과 괴로움 속에서도 신앙적이고도 현실적인 자유를 얻고 마음껏 누릴 수 있습니다. 그래서 이 소책자에서 우리가 추구하는 '직장에서 믿음으로 사는 법'의 결론은 믿음의 힘, '단단한 믿음이 주는 인생의 자유(自由)와 당당함'입니다.

온 세상의 어두움을 비추는 예수님의 빛은 교회 생활만 비추는 것이 아니라 우리의 직장생활과 현실 생활을 모두

―――――――
1. "진리를 알지니 진리가 너희를 자유롭게 하리라." (요한복음 8:32)

비추어주고, 우리가 직장생활과 현실의 어두움 속에서도 눌리고 묶인 자가 아니라 자유로운 자로 살아갈 수 있게 해 줍니다.[2] 하나님의 말씀에 들어 있는 이 비밀을 현실 속에 풀어내어 누리는 것은 우리 크리스천 직장인들 모두의 권리이자 책임입니다.

자, 이제 우리의 직장과 현실 속에서 살아 움직이시는 우리의 하나님을 만나러 갑니다. 우리 모두의 신앙적 호기심을 한껏 끌어올리고, 우리의 마음을 신앙적 소망과 희망으로 단단히 붙들어 매고, 즐거운 마음으로 '직장 속 신앙'의 여행을 시작해 봅시다.

---

2. "주의 성령이 내게 임하셨으니 이는 가난한 자에게 복음을 전하게 하시려고 내게 기름을 부으시고 나를 보내사 포로된 자에게 자유를, 눈 먼 자에게 다시 보게 함을 전파하며, 눌린 자를 자유롭게 하고 주의 은혜의 해를 전파하게 하려 하심이라 하였더라." (누가복음 4:18~19)

함께 토론할 질문 1

1. 직업과 직장의 신앙적 의미에 대한 처음 생각

❶ 크리스천으로서 직장생활을 시작한 경우

나는 직장생활을 시작할 때에, 크리스천으로서 나의 직업과 직장생활에 대해서 어떤 신앙적 의미가 있다고 생각했는가? (생각을 안 한 경우 ☞ 생각을 안 한 이유)

❷ 직장생활을 시작한 뒤에 신앙을 가지게 된 경우

믿기 전과 믿은 후 나의 직업과 직장생활에는 다른 의미가 생겼는가? (차이가 없는 경우 ☞ 차이가 없는 이유)

❸ 취업 전의 크리스천인 경우

나는 내가 원하는 직업과 직장에 대해서 어떤 신앙적 의미를 생각하고 있는가?

2. 직업과 직장의 신앙적 경험에 대한 나중 생각

❶ 내가 나의 직업에 신앙적인 의미를 느끼고, 나의 직장생활에 신앙적인 보람과 소망을 느낀 일들에는 어떤 것들이 있는가? (적극적인 경험과 희망적인 가능성)

❷ 내가 나의 직업에 신앙적인 의미를 부여하는 것에 좌절감을 느끼고, 나의 직장생활에 신앙을 적용하는 일이 어렵고 무모하다고 낙담하게 된 일들에는 어떤 것들이 있는가? (부정적인 경험과 좌절감의 원인)

2장 믿음으로 사는 법_총론

직장과 신앙에 관한 기본적인 질문들

1. 첫 번째 질문
직장과 신앙과 인생의 목적

―――――

질문 I _ "나는 무엇을 위해 사는가?"

우선 "나는 무엇을 위해서 사는가?"라는 질문을 진지하게 던져볼 필요가 있습니다. 현실적으로 '직장에서 자리 잡고 성공하는 것', '돈을 벌고 안정된 생활을 하는 것,' 이것이 우리의 기본적인 욕구이고 생활의 기본목표가 됩니다. 부인할 수도 없고, 부인해서도 안 됩니다. 조용히 자기 손으로 일을 하고 [3], 자기 양식을 먹는 것은[4] 우리 인생의 기본적인 책임

―――――

3. "또 너희에게 명한 것 같이 조용히 자기 일을 하고 너희 손으로 일하기를 힘쓰라." (데살로니가전서 4:11)

4. "이런 자들에게 우리가 명하고 주 예수 그리스도 안에서 권하기를 조용히 일하여 자기 양식을 먹으라." (데살로니가후서 3:12)

입니다. 그러나 빵을 만드는 것, 빵을 잘 만드는 능력을 인정받는 것이 우리 인생의 목적과 만족이 될 수는 없습니다.[5] 직업적으로 성공하는 것, 능력 있고 유능한 직장인이 되는 것이 나쁜 일은 아니지만, 이것이 '다'이거나 이것이 '중심'이라면 우리 삶은 하나님이 아니라 빵을 섬기는 인생이 될 것입니다. 빵을 섬기는 인생에는 만족이 없고, 결국 다툼이 남거나 허무해 집니다.

답변 l _ "(가급적) 예수에 미치는 것이 좋다." Crazy for Jesus!

조금 도전적으로 얘기해 보겠습니다. 순한 믿음은 별 힘이 되지 않습니다. 주일성수하고 큐티(QT)하고 정규적인 기도생활을 하는 것은 아주 좋은 일이지만, 세상에 도전하고 세상을 이기는 강력한 힘을 내기는 부족합니다. 조금 독(毒)하게 믿는 것이 좋습니다. "예수 안 믿으면 지옥 간다!"고, 주변 동료들한테 무례하고 독하게 굴자는 얘기가 아닙니다. 내 믿음에 대해서, 내 믿음의 양과 질, 그 깊이와 높이와 넓

---

5. "예수께서 대답하여 이르시되 기록되었으되 사람이 떡으로만 살 것이 아니요 하나님의 입으로부터 나오는 모든 말씀으로 살 것이라 하였느니라." (마태복음 4:4)

이[6]에 대해서 독하게 굴 필요가 있다는 얘기입니다. '나는 하나님 믿는 일을 내 인생의 목표로 삼고, 하나님 믿는 일에 미쳤다'고 스스로 생각해도, 막상 우리가 매일매일 하는 일의 대부분은 먹고살기 위해서 하는 업무와 직장생활이고, 우리는 끊임없는 시험과 갈등 속에서 수시로 헤매고 실수하며 넘어지는 일에서 벗어나지 못합니다.

독하게 마음을 먹어도 이럴진대, 예수를 독(毒)하게 믿지 않고 순하게 믿으면, 끊임없이 세상에 밀리고 타협하며 패배하고 무기력해지는 일을 극복할 수 없습니다. 우리가 가진 '크리스천'이라는 정체성과 '직장인'이라는 정체성 중 '크리스천'은 교회에 있고 사무실에는 '직장인'만 남게 됩니다. 이러면 하나님 나라는 교회에만 있고, 직장의 사무실은 오직 세상 나라일 뿐입니다. 우리는 교회에서만 하나님 나라 백성이고, 세상(직장)에서는 백 퍼센트 세상 백성인, 이중국적(二重國籍)자가 됩니다. 하나님은 이중국적자를 원하지 않습니다(십계명 제1계명).[7] 우리가 하나님에게 미치지 않으면, 세

6. "지식에 넘치는 그리스도의 사랑을 알고 그 너비와 길이와 높이와 깊이가 어떠함을 깨달아." (에베소서 3:18~19)

7. "너는 나 외에는 다른 신들을 네게 두지 말라." (출애굽기 20:3)

상은 결코 우리를 중립지대에 놓아두지를 않고, 결국 우리는 세상에 미치게 됩니다(Crazy for the World). 조금 지나친 말 같지요? 그러나, 이것은 우리 인생의 냉정한 진실입니다. 세상은 쉬지 않고 우리의 욕구, '육신의 정욕과 안목의 정욕, 이생의 자랑'을 부추깁니다. 누구도 여기에서 자유롭지 못합니다. 생활인이나 정치인이나 종교인까지도 마찬가지입니다. 우리는 노골적인 욕망에 빠지지 않더라도 우아한 형태의 욕망, 즉 우리가 가진 것과 하는 일을 자랑하는 '이생의 자랑'(the boasting of what we have and what we do)에 거의 전 인생과 마음을 쏟아 붓게 됩니다.[8]

성격이 터프하고 강한 사람이 있고, 기질과 행동이 부드럽고 온순한 사람이 있습니다. 터프한 사람만 예수에 미칠 수 있고, 온순한 사람은 예수에 미치지 못하는 것이 아닙니다. 두 가지 스타일 모두 예수에, 하나님 믿는 일에 미치는 것이 가능합니다. 오히려 온순하고 부드러운 성격의 사람이 더 꾸준하고 흔들림 없이, 그리고 더 효율적으로 하나님 믿는 일에 미치는 것이 가능합니다. 하나님 믿는 일에 미치면, 하

---

8. "이는 세상에 있는 모든 것이 육신의 정욕과 안목의 정욕과 이생의 자랑이나 다 아버지께로부터 온 것이 아니요 세상으로부터 온 것이라." (요한일서 2:16)

나님 믿는 일이 재미있고 즐거워집니다. 일단 내가 하나님 믿는 일에 미치면, 적어도 나와 나를 둘러싼 반경 3~5미터의 공간은 하나님의 영토가 되고, 우리는 이 영토를 성(城) 삼아서 세상과 나의 업무와 직장생활과 싸울 수 있습니다.

함께 토론할 질문 2-1

1. 내 인생의 가장 중요한 일

❶ 내가 '이론적으로' 나의 인생에서 가장 중요한 것이라고 생각하고 이야기하는 일은 무엇인가?

❷ 내가 '현실적으로' 나의 인생에서 가장 중요한 일로 애쓰며 사는 일은 무엇인가?

2. 직장생활/먹고사는 일에 대하여

❶ 내 직장생활/먹고사는 일이 의미 있다고 생각한다면 그 이유는 무엇인가?

❷ 내 직장생활/먹고사는 일이 무의미하다고 생각한다면 그 이유는 무엇인가?

3. 내 신앙의 컬러와 중량

❶ 나는 독하게 믿는 편인가, 순하게 믿는 편인가 스스로 평가해 보자.

❷ 나의 인생에서 신앙이 차지하는 자리와 중량은 얼마나 되나?

4. '이생의 자랑'(the boasting of what you have and what you do)

❶ 이생의 자랑에 얽매인 내 인생의 고통과 갈등은 무엇인가?

❷ 나의 신앙은 이생의 자랑을 극복하는 데 도움이 되나?

2. 두 번째 질문

직업과 직장생활에 신앙적 의미가 있는가?

─────────

질문 II _ "나의 직장 일은 세상적인 이익만을 추구하는 악하고 신앙적으로 무의미한 일인가?"

우리가 인생의 대부분을 차지하는 직장생활 속에서 우리의 신앙을 적극적으로 적용하고 실현할 엄두를 내지 못하는 가장 큰 이유는, '우리의 직장 일이 그냥 돈만 버는 일이고 신앙적인 목표나 의미와는 아무 상관이 없이 세상적인 이익과 욕망만을 추구하는 무의미한 일'이라고 생각하는, 우리의 선입견과 소극적인 태도입니다. 이런 생각은 결국, 우리의 직업과 직장은 신앙의 거룩함과는 무관하며 타락과 탐욕으로 가득한 곳이니, 어떻게든 한 주일을 견디어내고 우리의 신앙을 위해서는 주일에 교회로 달려가자는 청산주의적인 신앙 태도를 만들어냅니다.

이런 문제는 거의 모든 직업과 직장에서 발생합니다. 대부분의 직장인들은 신앙을 교회에만 보관시켜놓고 직장에서는 세속적 성공과 자랑에만 모든 정성을 쓰게 되거나(세상에 대한 신앙적 투항주의), 아니면 세상의 일은 다 악하다고 생각하여 세상의 일은 신앙적으로 포기하고 신앙에 대해서는 교회생활에만 매달립니다(세상에 대한 신앙적 청산주의). 세상의 일들을 좋아하는 신앙적 투항주의나 세상의 일을 악하게 보는 신앙적 청산주의나, 둘 다 '세상과 직장생활 속에서의 신앙적 씨름을 포기한다'는 점에서 그 실천적 모습과 결과에는 거의 차이가 없습니다. 이것은 결국 '교회에서 경건의 모양은 있으나 직장에서 경건의 능력은 없는' 무기력한 신앙의 모습을 만들어냅니다.[9]

답변 II _ "나의 직업과 직장 일은 하나님 나라와 세상 나라의 싸움터, 이웃사랑의 실천과 자기사랑의 갈등이 씨름하는 신앙의 경기장이다!"

---

9. "경건의 모양은 있으나 경건의 능력은 부인하니 이같은 자들에게서 네가 돌아서라." (디모데후서 3:5)

하나님의 뜻은 거룩한 초월에 헌신한 목회자나 선교사의 삶과 고상한 정의에 헌신한 사회운동가나 공익활동가의 삶 속에만 들어있을까요? 그럴 리가 없다고 생각합니다. 아담이 선악과를 따먹고 하나님의 재판을 받은 후(창세기 3장), 인간의 운명은 '땀을 흘리며 노동하며 먹고사는 일'과 연결되었습니다.[10] 우리의 인생은 '하나님을 찾는 일' 이외에는 이웃과 함께 '일하며 먹고사는 일'을 몸통으로 하여 구성됩니다. 이것이 우리가 주기도문에서 하나님의 뜻이 이루어지기를 기도하는 '땅'의 본체입니다. 우리는 이 일하고 먹고사는 삶, 그 자체에서 세상의 원리와 하나님의 원리 간의 씨름을 전개해야 합니다. 이것이 빠진 '거룩'과 '정의'는 자칫 '뿌리 없는 줄기'처럼 될 수 있습니다. 일하며 먹고사는 삶을 두고 하는 '씨름하는 믿음'은 이론적이라기보다는 실천적입니다.

거룩함은 교회에만 있고, 세상의 일에는 탐욕과 타락의 위험성만 있는가? 이것도 그렇지 않습니다. 교회에도 탐욕과 타락의 위험성이 있는 것처럼, 세상의 일에도 거룩함과 사랑이 있습니다. 세상의 거의 모든 직업은 나의 인생과 내

---

10. "네가 흙으로 돌아갈 때까지 얼굴에 땀을 흘려야 먹을 것을 먹으리니 네가 그것에서 취함을 입었음이라." (창세기 3:19)

이웃의 인생을 가능하게 하고 사람들이 살아가는 것을 가능하도록 물품과 서비스를 제공하거나 공동체의 존속에 봉사하는 일입니다. 직업 활동은 우리가 다른 사람을 전혀 사랑하지 않더라도, 내가 먹고살기 위해서는 다른 사람을 위해서 봉사해야만 한다는 '시장경제의 역설'로 가득차 있습니다. 우리가 사람의 눈으로 직업과 직장을 보면 경쟁과 대우와 불만족과 무의미함이 보입니다. 그러나 우리가 하나님의 눈으로 직업과 직장을 보면, 하나님의 뜻에 따라 나를 사랑하고 이웃을 사랑하며 크고 작게 세상을 다스리고 세상에 봉사하는 하나님의 심부름들이 눈에 보이게 됩니다.

우리들은 보통 직업과 직장생활은 나와 가족이 먹고살기 위한 '자기사랑과 자기 욕망'의 수단에 불과하다고 생각하고, 신앙인일수록 우리의 노동을 다소 무시하고 천대하는 성향을 가지고 있습니다. 그러나, 성경적으로 보거나 현실적으로 보거나 이 생각은 우리의 구체적인 삶과 직업의 내용을 오해한 것입니다.

예수님이 가르쳐주신 이중대계명은 우리에게 하나님을

사랑하고 네 이웃을 네 자신과 같이 사랑하라고 명합니다."
여기에는 '하나님 사랑'과 '이웃사랑', 그리고 이웃사랑의 기
준이 되는 '자기사랑'이라는 세 가지 사랑이 들어있습니다.

　세상의 모든 직업에는 이중대계명의 내용인 하나님 사랑
과 자기사랑과 이웃사랑을 위한 중요한 기능과 역할들이 들
어있습니다. 상품의 생산과 유통업에는 사람들의 의식주를
제공해서 나의 생존(자기사랑)과 이웃의 생존(이웃사랑)을 모두
가능하게 해주는 역할이 있고, 운송과 의료업 등 모든 서비
스 업종은 타인을 도와서(이웃사랑) 그 대가로 나를 먹여 살
리는(자기사랑), 자기사랑과 이웃사랑의 종합체이기 때문입
니다.

　어떤 서비스업 종사자가 자기만 사랑하면 이웃에 대한
서비스가 안 되고, 거꾸로 이웃만 사랑하고 자기를 사랑하
지 않으면 나와 가족이 먹고살 수가 없으니, 모든 직업은 이
웃사랑과 자기사랑과 자기부인의 끊임없는 갈등과 긴장 속
에 있습니다.

---

11. "예수께서 대답하시되 첫째는 이것이니 이스라엘아 들으라 주 곧 우리 하나님은
유일한 주시라 네 마음을 다하고 목숨을 다하고 뜻을 다하고 힘을 다하여 주 너의 하
나님을 사랑하라 하신 것이요 둘째는 이것이니 네 이웃을 네 자신과 같이 사랑하라
하신 것이라 이보다 더 큰 계명이 없느니라." (마가복음 12:29~31)

정치는 사람들의 집단적 자기사랑이 집단적인 이웃사랑의 요구와 갈등하고 험악하게 부딪치며 서로 조정을 하는 과정이고, 교육은 한 세대의 삶이 다음 세대의 삶으로 이어지는 과정을 담당하면서, 그 주체인 교사와 학생과 학부모들이 자기사랑의 초조한 욕망과 자기부인을 요구하는 이웃사랑의 불안한 당위 사이에서 몸부림치면서 갈등하는 장입니다. 여기에서 한 가지 중요한 명제는 이처럼 모든 직업이 자기사랑과 함께 이웃사랑의 요소를 가지고 있다는 것이지만, 다른 한 가지 중요한 명제는 어느 직업도 백 퍼센트 거룩한 '이웃사랑의 장'으로만 될 수 있다는 생각은 대체로 환상이라는 것입니다.

　　대부분의 직업은 자기사랑이 일차적인 동기이고(소득과 생계), 그 자기사랑을 실현하기 위한 필연적인 수단으로 이웃사랑이 결합됩니다(예: 서비스업). 직업 활동에서 자기사랑의 폭주를 막기 위해서 '상거래 질서나 법제도'의 이름으로 이웃사랑이 견제하거나, 집단적 자기사랑들이 서로 이웃사랑의 이름을 주장하며 '정치적 경쟁과 경제 제도' 속에서 서로 섞여서 밀고 밀립니다. 그러니 각종 직업과 인간 활동을 긍정적인 선으로만 보는 것도 오해이고 부정적인 악으로만 보는 것도 오해입니다. 우리가 직업과 직장생활 속에서 자기 사랑의 폭주를 제한하기 위해서는 자기사랑 속의 악을 알아 야 하고, 이웃사랑을 제대로 하기 위해서는 이웃사랑의 한 계를 알아야 합니다.

결국 '자기를 사랑하듯 이웃을 사랑하라'는 예수님의 두 번째 대계명은 우리의 직업과 직장생활을 중심으로 다루어 지고 있습니다. 그래서 우리의 직장과 직업은 하나님의 일 과 무관한 다른 나라가 아니고, 하나님이 명하신 이웃사랑 과 우리가 추구하는 자기사랑이, 나의 욕망을 추구하는 자 기사랑과 나의 욕망을 억제하는 자기부인이 서로 엉켜서 싸 우며 나아가는 하나님의 싸움터입니다.

우리나라 인구 오천만 명 중 자영업을 포함하여 직장생 활을 하는 사람은 약 이천오백만 명 정도입니다. 그 중 구십 퍼센트 이상은 물건이나 서비스를 만들고 판매하는 사적(私 的) 생업에 종사하고, 약 백만 명에 달하는 공무원과 정치인, 언론인과 교육자는 공적(公的) 기능을 다루는 직업에 종사하 고 있습니다. 정치인과 공무원 등 공적 기능을 담당하는 사 람들은 마땅히 하나님이 주신 칼을 담당한 사람으로서 그 직업을 통해 한 공동체를 유지하고 발전시켜야 하는 하나님의 사자(使者)로서의 사명감을 가지고 그 직업을 수행해야 합니다(로마서 13장 참조). 의료업은 하나님이 주신 생명을 보호하고 예수님의 뒤를 이어 병자를 고치는 직업이요, 집을 짓고 옷을 만들고 음식을 만들고 유통하는 의식주(衣食住)의 제조업과 상업들은 그 직업을 통해서 자신과 가족의 생계를 책임질 뿐만 아니라, 다른 사람들의 생명을 유지하고 존속하는 가장 기본적인 재화와 서비스를 제공하는 하나님과 이웃에 대한 심부름의 일입니다.

출애굽기에서 광야시대의 움직이는 성막을 지은 엔지니어인 브살렐과 오홀리압이 하나님의 영을 충만하게 받아서 여러 가지 정교한 일을 고안하고 작업한 것처럼(출애굽기 35:30~36), 오늘날 우리가 직업으로 하는 모든 활동에는 하나님 사랑과 이웃사랑의 열정과 지혜가 작용하고 흘러넘칠 수 있습니다.

일마다 직장마다 하나님이 내려주신 역할은 조금씩 다르지만, 이 세상의 사적이고 공적인 거의 모든 직업은 모두 사람에게 세상에서 생육하고 번성하여 땅에 충만하며 세상을 다스리고 지키도록 명하신 창세기의 축복을 반영한 것임과

동시에[12], 아담의 죄로 인하여 저주받은 땅에서 우리가 종신토록 수고하여야 그 소산을 먹을 수 있게 된 창세기의 심판을 함께 반영하고 있습니다[13]. 그러니 우리 모두의 직업과 직장 생활은, 땀 흘리는 고통과 인간의 죄악으로 인한 갈등과 몸부림이라는 인간의 어두운 면과, 하나님이 우리에게 주신 세상을 다스리는 사명과 나와 이웃의 생명을 보호, 육성하는 이웃사랑의 보람이라는 인간의 밝은 면이 함께 있습니다. 우리가 직업을 생각할 때 밝은 면만을 보고 안이하게 낙관해도 큰코다치겠지만 어두운 면만 있다고 생각하고 절망하는 것도 큰 오해입니다.

---

12. "하나님이 그들에게 복을 주시며 하나님이 그들에게 이르시되 생육하고 번성하여 땅에 충만하라 땅을 정복하라 바다의 물고기와 하늘의 새와 땅에 움직이는 모든 생물을 다스리라 하시니라." (창세기 1:28)
"여호와 하나님이 그 사람을 이끌어 에덴 동산에 두어 그것을 경작하며 지키게 하셨고." (창세기 2:15)

13. "아담에게 이르시되 네가 네 아내의 말을 듣고 내가 네게 먹지 말라 한 나무의 열매를 먹었은즉 땅은 너로 말미암아 저주를 받고 너는 네 평생에 수고하여야 그 소산을 먹으리라." (창세기 3:17)

함께 토론할 질문 2-2

1. 나의 '직업'을 생각해 본다.

❶ 나의 직업이 가지는 이웃사랑의 기능과 역할은 무엇이 있을까?

❷ 나의 직업을 통해서 이웃을 해치고 상하게 하는 일에는 어떤 것들이 있을까?

❸ 나의 직업 속에서 나의 자기사랑과 내 직업의 이웃사랑이 서로 갈등을 일으키는 경험과 고민을 나누어보자.

2. 나의 '직장'을 생각해 본다.

❶ 나의 직장 속에 들어 있는 이웃사랑의 기능과 역할은?

❷ 나의 직장 속에서 이웃을 서로 해치고 공격하는 기능은?

❸ 내 직장의 '선'한 면과 '악'한 면을 공정하게 얘기해 보자.

❹ 나의 직장 속에서 나의 자기사랑과 이웃사랑은 어떻게 서로 갈등하고 작용하는가?

❺ 우리는 직장생활을 자기사랑과 자기 욕망의 실현을 위해서만 살아갈 수 있는가?

3. '직업을 통한 이웃사랑'에 대해 생각해 본다.

❶ 나는 나의 직업과 직장생활 속에 이웃사랑의 기능이 있다는 것을 생각해 본 일이 있는가?

❷ (없다면) 내가 나의 직업/직장생활 속의 이웃사랑을 생각하지 않았던 이유는 무엇일까?

3. 사례1
직업의 신앙적 의미를 묻고 대답한 필자의 경험

―――――――

질문 _ "내가 하는 변호사 일은 세상적인 이익과 욕망만을 추구하는 악한 일인가?"

제가 하는 업무의 경우에도, 변호사들이 다루는 법과 재판 일은 지극히 세속적이고 실용적인 일입니다. 민사재판에서는 주로 금전과 권리에 대한 다툼이 문제가 되고, 형사재판에서는 죄의 유무와 처벌의 강도가 쟁점이 됩니다. 변호사들은 돈을 둘러싼 싸움을 대리하고 분쟁 금액의 일부분을 수임료로 받습니다. 돈이 많은 사람이나 기업으로부터 더 많은 돈을 벌기 때문에, 보통 우리는 더 많은 대가를 주는 의뢰인의 일을 더 친절하게 열심히 해 주게 됩니다. 형사 절

차에서도 돈이 많은 사람들은 더 좋은 변호를 받고 돈이 적은 사람들은 변호사의 도움을 받기가 어렵습니다. 이것 때문에 '유전무죄(有錢無罪), 무전유죄(無錢有罪)'라는 비난이 생깁니다. 가끔 아주 착하고 정의감이 강하고 하나님의 특별한 부르심을 받은 변호사들이 있어서, 손해를 보면서도 가난한 사람과 나그네를 위한 변론에 투신하고 헌신합니다. 그러나 대부분의 변호사들은 돈을 버는 사건에 좀 더 매달리고 재정적 안정과 성공을 도모합니다.

이것은 부인할 수 없는 현실입니다. 여기에서 변호사들이 하는 법률 일에 대한 두 가지 잘못된 태도가 발생합니다. 하나는 긴장을 완전히 풀고 세상적인 일과 방식에 푹 빠져 버리는 것이고, 다른 하나는 변호사가 하는 일반적인 법률 업무를 악하고 세상적 욕심에 봉사하는 일로 치부하는 것입니다.

답변 _ "내가 하는 법률 일은 하나님 나라와 세상 나라의 싸움터다!
저는 본래 재산분쟁을 다루는 법률 업무는 하나님의 일과 가장 거리가 먼 직업일 것으로 생각했던 사람입니다. 그러나 믿음을 가지고 나서 변호사 일을 하면서 지극히 세속적인 변호사 업무 속에서도 하나님의 뜻을 모색하고 실천할 수 있는 영역이 매우 많다는 것을 발견하게 되었습니다.

'사람'은 악하지만 동시에 하나님의 형상과 구원의 가능성을 함께 가지고 있는 이중적인 존재입니다. '법'과 '재판' 또한 세상 나라의 욕망체계와 인간의 악성을 반영한 죄(罪)의 활동공간이지만, 동시에 하나님의 공의와 긍휼이 역사하는 하나님 나라의 활동공간이기도 합니다. 그러므로 법률과 재판업무는 백 퍼센트 의롭지도 않지만 백 퍼센트 악한 것도 아니며, 오히려 선과 악, 죄와 의가 서로 공존하며 싸우는 하나님 나라와 세상 나라의 싸움터에 해당합니다.

구약의 율법(Law)은 인간의 죄로 인하여 하나님이 주신 것이라고 성경은 가르칩니다. 우리가 다루는 현실 세상의 법(Law)도 인간의 이기심으로 인한 분쟁과 죄를 다루고, 사람과 사람, 사람과 사회 간의 극단적인 갈등과 충돌을 완충하는 역할을 합니다. 그러므로 구약에서 하나님이 주신 율법과 우리가 다루는 세상의 법은 매우 유사하고 사실상 거의 동일한 기능을 가지고 있습니다.

구약의 법과 재판제도가 죄와 벌, 공정한 분배를 초점으로 두고 있다면, 신약의 법은 예수님을 통한 죄의 용서와 성령의 조명을 통한 인간의 회심을 강조하면서 '사람의 연약함을 극복하고 생명과 구원에 이르는 원리의 영역'을 새롭게 개척하고 있습니다. 크리스천 변호사가 '분쟁에 휩쓸린 의뢰인을 위하여 대신 변론해 주고 그들의 고민을 위로하고 변호해 주는 것'은 예수님과 성령의 중보와 대언 업무를 함께 하는 것으로 볼 수 있습니다. 하나님의 법정에서 죄인과 연약한 인간을 변호하시는 예수님과 세상의 법정에서 당사자들과 피고인들을 변호하는 세상의 변호사들은 사실 동종 업종에 종사하는 동업자들이라고도 할 수 있습니다.

법률 일과 재판업무 속에는 세상적인 욕심, 갈등, 분쟁, 죄가 가득 들어있습니다. 그리고 그 일에 개입하는 법조인들의 마음과 태도와 행동에도 욕심, 이기심, 경쟁심, 호승심(好勝心)의 죄성(罪性)이 충만하게 들어있습니다. 그러나 그와 동시에, 법률업무와 재판 일은 하나님이 주신 공의의 법(율법)과 예수님이 주신 위로하고 구원하는 은혜의 법이 함께 역사하는, 의미 있는 '하나님 나라의 싸움터'이기도 합니다.

재산분쟁과 가족 분쟁 등 민사 분쟁에 휩쓸려 억울하게 피해를 보거나, 그로 인하여 상대방과 세상에 대한 극도의 피해 의식과 원망으로 몸부림치거나, 일의 결과가 잘 될까 잘 안될까 극도의 긴장과 두려움으로 잠을 이루지 못하는 민사 사건의 당사자들이 있습니다. 대부분의 경우 의뢰인들의 입장은 '부분적으로만 정당'하고 '부분적으로만 부당'합니다. 완전히 부당하거나 완전히 정당한 경우는 극히 희박합니다. 이때 의뢰인들을 위해서, '각자의 일용할 양식'의 공정한 몫을 지킬 수 있도록 도와주고, 한편으로는 의뢰인들이 무리한 욕심이나 오해로 세상과 자기 인생과 하나님에 대한 '시험에 들지 않도록' 도와주는, 민사 변호사의 일은 가치 있고 소중하며 하나님이 기뻐하시는 의미 있는 일입니다.

무죄인 사람이 사법제도의 한계로 유죄 판결을 받으면 인생 하나가 통째로 무너집니다. 사실관계에 대한 오해나 법 적용의 과실로 인하여 죄를 추궁당하고 있는 형사재판의 피고인이 억울함에서 구원을 받을 수 있도록 도와주고, 죄를 저지른 사람의 경우에도 용서를 받거나 형의 감경을 받을 만한 사정(정상)을 대신 변호해 주는 형사 변호사의 변론도, 죄를 미워하는 하나님 나라의 공의와 죄인에 대한 예수님의 구원 역사를 이 땅에서 실현해 나가는 의미 있는 일입니다.

개별법 분야로 들어가서 한 가지 예를 들어보면, 사업에 실패하고 방만한 채무부담으로 망한 개인이나 기업이 이 세상의 진(陣) 바깥으로 쫓겨나 굶주리지 않도록, 채무면제[14]와 복권(復權)을 통해서 '두 번째 기회(second chance)'를 제공해 주는 파산법 및 회생제도에도 '실패한 자에 대한 하나님의 긍휼과 용서'가 선명하게 깊이 반영되어 있습니다(마태복음 18:21~35).

저는 이처럼 법률 일은 그저 무의미하고 돈벌이만을 좇아가는 맹목적인 일이 아니고, 죄의 나라와 하나님 나라가 부딪히는 싸움터라는 것을 알았습니다. 변호사가 하나님의 뜻에 눈 감으면 유전무죄, 무전유죄의 죄성과 편파성이 판치지만, 변호사가 하나님의 뜻과 긍휼을 따라 행하면 재판과 변론 속에 보혜사 성령의 역사가 판칠 수도 있습니다. 변호사들이 부한 사람들만 편파적으로 돕는다면 문제가 되겠지만, 변호사의 업무 전체는 '나그네와 가난한 자를 돕는 일'을 포함하면서도 그보다 더 큽니다. 부자도 죄인이지만, 가난한 자도 죄인이고, 의뢰인도 의인은 아니며 변호사도 죄인이라는 현실[15]을 크게 보고 인식해야 합니다. 변호사들

---

14. "그 종의 주인이 불쌍히 여겨 놓아 보내며 그 빚을 탕감하여 주었더니." (마태복음 18:27)

15. "기록된 바 의인은 없나니 하나도 없으며." (로마서 3:10)

이 법과 재판 속에 들어 있는 세상 나라의 일과 하나님 나라의 일을 잘 분별하고 지혜롭게 행할 수 있다면, 아무리 세속적인 법과 이해관계를 다루는 일이더라도 그 일을 하나님의 일로서 당당하게 하나님께 바칠 수 있다고 생각합니다.

토론할 주제 2-3

1. 나의 직업과 직장생활 속에 들어있는 세상적 욕망과 경쟁의 구체적인 양상과 내용들을 돌이켜 보자.

2. 나의 직업과 직장생활 속에서 찾을 수 있는 하나님의 공의와 이웃사랑의 요구와 내용들을 묵상해 보자.

3. 나의 직업과 직장생활 속에서 나의 욕망(자기사랑)과 내 직업의 요청(하나님의 공의와 이웃사랑)이 구체적으로 갈등을 일으키고 나를 고민스럽게 만든 경험들을 생각해 보자.

3장 믿음으로 사는 법_본론

믿음으로 씨름하는 직장생활과 업무수행

예수님이 우리에게 가르쳐 주신 주기도문(마태복음 6:9~13)의 앞부분 세 소절은 '하나님'에 대한 기도이고('하나님 기도'), 뒷부분 세 소절, "(1)오늘날 우리에게 일용할 양식을 주시옵고 (2)우리가 우리에게 죄 지은 자를 사(赦)하여 준 것같이 우리 죄를 사하여 주옵시고 (3)우리를 시험에 들게 하지 마시옵고 다만 악에서 구하시옵소서"는 특히 우리들 인생(人生)에 관한 핵심적 기도('인생 기도')입니다.

이제 주기도문의 후반부 세 소절의 '인생 기도'를 우리의 인생 매뉴얼로 삼아 (1)직장에서 일해서 먹고사는 법(마태복음 6:11), (2)직장에서 미워하지 않고 용서하는 법(6:12), (3)직장에서 시험에 들지 않는 법(6:13)의 순서로 우리의 업무와 직장생활에 적용해 보고, 그 다음으로 전반부 세 소절의 '하나님 기도'를 (4)직장에서 하나님 이름을 더럽히지 않는 법(6:9) (5)직장에서 하나님 나라를 임하게 하는 법(6:10a)및 (6)직장에서 하나님 뜻을 이루는 법(6:10b) 순서로 우리의 직장생활과 인생을 통한 하나님 기도의 내용과 방향을 적용해 보고자 합니다.

1.

직장에서 일용할 양식을 구하는 법

―――――――

"오늘 우리에게 일용할 양식을 주시옵고" (마태복음 6:11)

아마추어 같이 굴지 말자

회사와 직장은 돈 버는 조직입니다. 돈 버는 조직은 타산적 (打算的)이지 않으면 망합니다. 내가 땀 흘려 일을 하지 않았 을 때 혹은 뭔가 일을 망쳤을 때, 회사의 고용주나 선배사원 들이 나에게 따듯하게 굴지 않고 차가운 눈빛을 날리는 것 은 당연한 일입니다. 내가 일하는 직장에 원칙적으로 가정 처럼 따스하고 곰살맞은 분위기가 지배적이어야 한다고 생 각하는 것은 직장의 본질을 외면한 착각입니다. '아마추어 (amateur) 선수'는 돈을 받지 않으므로 운동을 열심히 하지 않아도 되고, 운동을 안 해도 됩니다. 그러나 돈을 받고 일하는 '프로(professional) 선수'는 운동을 열심히 해야 하고, 운동을 잘 못 하면 경기장에 나서지를 못합니다. 우리 직장인들은 고객의 돈을 받거나 회사의 돈을 받고 일하는 프로 선수인 셈이니, 당연히 힘들게 열심히 땀을 흘려가면서 일을 해야 합니다. 아직도 학생인 것처럼, 땀을 흘리지 않고도, 서로 '일을 잘 하나 못 하나?' 눈을 부라리지 않고도, 당연히 돈을 벌 수 있는 것처럼 생각하고 '아마추어같이 굴면' 안 됩니다!

인생과 일용할 양식을 위한 일과 직장을 너무 낭만적으로, 은혜적으로 생각하는 것은 그 목적과 메커니즘의 본질에 대한 중대한 착각입니다. 이러한 착각은 우리 인생에 큰 대가를 치르게 합니다. 즉 우리들이 먹고사는 일과 관련하여 가지는 불만들, '일하는 것이 힘들고 괴로운 것, 내가 하는 일이 재미가 없는 것, 직장생활에 낭만이 없는 것, 회사가 타산적으로 구는 것,' 이 모든 것들은 '아담의 죄 이후 우리가 겪는 숙명이거나 돈 버는 조직의 본질이 나타나는 것'일 뿐, 어느 특정 회사의 잘못이 아닙니다. 아무리 착한 회사, 착한 기업도 돈은 벌어야 굴러가기 때문에, 기업은 아무리 착한 사람들이 모여 있어도 본질상 '비둘기의 나라'가 아니고 '이리나 늑대의 나라'입니다. 그러니까, 회사가 잘못한 것이 아니고 회사는 원래 그런 것인데, 우리가 회사에 마구 화를 내고 앉아 있는 것은 바보 같은 짓입니다. 죄인들이 사는 이 세상에 이상적인 직장, 행복한 직장은 있을 리가 없습니다. 꿈을 깨고, 어린아이처럼 학생처럼 아마추어같이 굴지 말고, 냉엄한 현실을 직시해야 합니다.

땀을 흘려야 하는 인간의 숙명

: "얼굴에 땀을 흘려야 먹을 것을 먹으리니" (창세기 3:19)

우리는 '우리에게 일용(日用)할 양식을 주시옵고'라고 하나님께 기도하고 나서, 곧바로 '일용할 양식을 구하기 위해' 직접 내 손으로, 스스로 일을 해야 합니다. 오해를 말아야 할 잘못된 질문들이 몇 가지 있습니다. 오해하지 않으면 인생이 조금 더 분명해지고, 오해하면 인생이 조금 더 꼬입니다.

"일하는 것이 왜 이렇게 힘들고 괴로운가?" 하고 우리는 묻습니다. 그러나 일하는 것은 원래 힘듭니다! 그러니까 일하는 것이 힘들지 않을 수 있다고 생각하거나 땀 흘려 일하지 않고 일용할 양식을 구하는 것은 큰 오해(誤解)입니다. 우리 조상 아담이 죄를 지은 후 '땅은 우리에게 가시덤불과 엉 경퀴를 내고 우리는 얼굴에 땀이 흘러야 식물(食物)을 먹을 수 있게[16] 되었습니다. 우리가 아담을 욕하든지 말든지, 아담 이후로 예수님이 다시 오실 마지막 때까지 우리는 **땀을 흘려 야** 일용할 양식을 먹을 수 있게 되었습니다. 땀을 흘리지 않 으면 '일용할 양식'을 구하는 것이 당연히 어렵습니다.

"내가 하는 일들은 왜 이렇게 하나도 재미가 없는가?" 이 것도 마찬가지로 잘못된 질문입니다. 땅이 저주를 받은 후 일하는 것은 기본적으로 저주가 되었습니다. 그러니까 만약 '일하는 것이 아주 재미있다고 느끼는 상태가 오면' 오히려 내가 하나님 말씀에 조금 어긋나는 상태[17]에 빠진 것은 아닌 지 신중하게 의심하고 묵상할 필요가 있습니다. 가령 제가 하는 변호사 일의 경우에 맡은 열 건의 일 중에서 한두 건만

---

16. "아담에게 이르시되 네가 네 아내의 말을 듣고 내가 네게 먹지 말라 한 나무의 열 매를 먹었은즉 땅은 너로 말미암아 저주를 받고 너는 네 평생에 수고하여야 그 소산 을 먹으리라 땅이 네게 가시덤불과 엉겅퀴를 낼 것이라 네가 먹을 것은 밭의 채소 인즉 네가 흙으로 돌아갈 때까지 얼굴에 땀을 흘려야 먹을 것을 먹으리니 네가 그 것에서 취함을 입었음이라 너는 흙이니 흙으로 돌아갈 것이니라 하시니라." (창세기 3:17~19)

17. "이 세상이나 세상에 있는 것들을 사랑하지 말라 누구든지 세상을 사랑하면 아버 지의 사랑이 그 안에 있지 아니하니." (요한1서 2:15)

재미를 느껴도 충분히 인생을 견딜 만합니다. 모든 사건이 다 재미있고 의미가 있는 것은 불가능하고 불필요한 일이기도 합니다. 과거 모세는 사십 년 동안 이집트와 이스라엘 사이의 광야를 이리저리 헤매면서 장인 이드로의 양을 치는 직장생활을 했습니다. 그 사십 년 동안 모세가 남의 양을 치는 일에 무슨 재미가 있고 낭만이 있었겠습니까? 하나도 재미가 없었을 것입니다. 우리의 인생이 모세의 직장생활보다 더 즐겁고 행복해야 할 정당한 이유나 근거는 없습니다. 사십 년 목동 생활의 끝에 모세가 시내 산에서 하나님의 불꽃을 만날 때도 모세는 아직 '이드로의 양'을 치는[18] 평생 피고용자 신세였으니, 직장 근무를 오래하면 간부나 임원으로 올라갈 기회가 생기기도 하는 현대 직장인들의 신세보다 못하면 못했지 더 나을 것은 없었습니다.

"이 직장에는 낭만이 없는 것 같다!" 이것도 마찬가지입니다. 세상에는 낭만이 없고 먹고사는 일에도 낭만이 없는 것이 원칙입니다. 일을 죽도록 열심히 하면 낭만이 조금 생깁니다. 그러나 직장생활이 우리에게 직접적으로 낭만과 보

---

18. "모세가 그의 장인 미디안 제사장 이드로의 양 떼를 치더니 그 떼를 광야 서쪽으로 인도하여 하나님의 산 호렙에 이르매." (출애굽기 3:1)

람을 주어야 한다는 기대는 접는 것이 현명합니다. 진정한 낭만은 하나님께 미치면 충만하게 느낄 수 있습니다. 연목구어(緣木求魚)라! 나무에 올라가 물고기를 얻으려 한다는 한자 격언처럼, 우리는 구할 곳에 가서 구해야지, 구해도 줄 수 없는 곳에 가서 없는 것을 달라고 억지를 부리면 인생이 꼬입니다.

일을 하며 다스림

직장과 회사에서 하는 일들이 아주 재미가 있는 것은 아니지만, 그렇다고 해서 거기에 아무 의미가 없다고 생각하는 것도 큰 오해입니다.

앞에서 보았듯이 세상의 모든 일과 모든 직업에는 다른 사람의 생명과 생활을 가능하게 해 주는 이웃사랑의 본질적 기능과 역할이 있습니다. 의식주의 제조업에 종사하는 직장인들이 없으면, 유통업에 종사하는 직장인들이 없으면, 서비스업에 종사하는 사람들이 없으면, 이 세상의 모든 사람은 집 없이 노숙해야 하고 옷 없이 벌거벗고 다녀야 하고 밥 없이 굶어 죽어야 합니다. 선생님들이 없으면 애들은 다 바보가 되고, 의사들이 없으면 아픈 사람들은 더 아프고, 연예인들이 없으면 도대체 우리가 웃고 살 일이 없습니다.

　제가 다루는 재미없고 딱딱한 민법의 물권(物權)법, 채권(債券)법, 가족법, 민사소송법과 민사집행법의 각조 각항 위에서도 수많은 인생(人生)이 웃고 다투고 눈물을 흘리면서 걸어갑니다. 열심히 돈을 벌어 집과 땅의 소유권을 취득하고(민법 제211조), 이웃끼리 경계표(신명기 27:17)와 물꼬와 담을 둘러싸고 수많은 싸움을 하며(민법 제216조 내지 제244조), 채무를 갚지 못해 빚잔치를 하고(민법 제389조), 남녀가 사랑하여 결혼을 하고(민법 제807조), 혼인이 깨져 헤어집니다(제834조, 제840조). 합작 계약을 통해 큰 공장과 일자리가 생겨나고, 경영진과 노동조합이 다투며, 망한 사람과 기업이 회생 신청으로 채권자의 돈을 합법적으로 탕감 받고 경제적 부활(復活)을 이루게 됩니다.

　제가 직장 초년병 시절에는 아직 일을 잘 못 하거나 일을 장악하지 못해 허덕거리면서 일하기 때문에 그 일들이 재미가 없고 일하는 사람 간의 갈등 때문에 그 일을 하는 것이 짜증 나고 지겹고 힘들었는데, 제가 하던 법률과 재판 일은 규모가 크든 작든 내용이 정돈되어 있든 머리가 빠개질 정도로 복잡하고 산만하든지 간에, 그 모든 것 하나하나가 사람들의 인생과 그 인생의 성패가 담긴 중요하고 엄숙한 일이 될 수 있다는 것을 나중에 깨달았습니다.

문제는 이처럼 이웃을 사랑하고 살리는 직업들이 그 일을 하는 사람들에게는 즐거움이나 보람이 잘 되지 못한다는 것이지요. 제조업에 종사하는 사람들은 물건 만드는 일에 지치고, 상업에 종사하는 사람들은 장사가 안되어서 불안하고, 서비스업에 종사하는 사람들은 고객의 폭언으로 상처를 받고, 선생님들은 아이들이 말을 안 들어서 힘들고 지치고 저 같은 변호사들은 재판에서 질 때마다 휘청휘청합니다.

두 가지의 생각이 필요합니다. 하나는 우리가 일을 잘 다루지 못할 때의 고통은 우리가 일을 더 잘 다루게 되면 즐거움과 보람으로 변할 수 있다는 것이고, 다른 하나는 모든 일에 의미와 보람이 발견되고 손에 잡히기까지는 상당한 시간과 허무함을 참는 인내가 필요하다는 것입니다.

앞에서 본 모세의 광야 사십 년 목동생활에는 하나의 중대한 반전(反轉)이 숨어 있었습니다. 모세의 맹목적이고 무의미해 보이던 사십 년 광야 목동생활의 경험과 그때 쌓인 지식은, 이후 모세가 수십만 명의 이스라엘 민족을 이집트에서 이끌고 나와 다시 사십 년 동안 광야에서 인도할 때 엄청난 위력을 발휘했습니다. 우리가 지금 하는 직장생활, 힘들고 부담스러운 여러 가지 과제와 업무에 아무 흥취를 못느껴도, 그 과정에서 쌓이는 공력(功力)과 경험은 이후 적절한 시간과 사람과 장소를 만날 때, 나와 동료들과 고객들과 더 많은 사람과 하나님을 위해서 엄청난 능력을 발휘하는 날이 반드시 온다는 믿음을 가져야 합니다.

사례2 _ 변호사의 이익과 고객의 이익의 충돌

: 변호사가 죽으면 사건이 살고, 변호사가 살면 사건이 죽는다!

어느 직업이나 일을 하는 사람의 이익과 일을 시키는 고객의 이익에는 서로 부딪치는 면이 있습니다. 일하는 사람이 즐거우면 일을 시키는 고객이 불행하고, 일하는 사람이 불행하면 일을 시키는 고객이 행복해지는 상황입니다. 비극적이지요? 그러나 이것은 현실적입니다.

낭만적인 생활과 낭만적인 업무 결과는 반비례의 관계에 있습니다. 가령, 소송의 경우 크고 작은 모든 사건은 담당 변호사가 어떻게 하는가에 따라 그 결과가 크게 달라집니다. 제 경험상 재판기록을 한 번 봤을 때는 주장할 것이 하나도 없어 답답하거나 심지어 우리 편이 이기는 것 자체가

탐탁지 않게 느껴지는 사건이 있습니다. 그러나 재판 관련 기록을 두 번 세 번 꼼꼼히 읽고 나면 우리 편이 이길 수 있거나 반드시 이길 필요가 있는 사건으로 달리 느껴지고, 그동안 의뢰인이 왜 그렇게 억울해했는지 조금씩 이해가 되기 시작합니다. 재판의 대상이 되는 사건의 진실은 고정된 '하나'가 아닙니다. 원고 입장의 진실과 피고 입장의 진실이 다르고, 과거 시점에 실제로 일어났던 애매하고 혼합된 진실과 지금 시점에 원고와 피고가 기억하는 진실이 다르며, 지금 진행되는 재판과 변론을 통하여 재구성되는 진실, 법관에 의해서 납득 되는 진실이 모두 똑같지가 않습니다. 암담하고 잘 풀리지 않는 사건을 앞에 놓고, 칠흑 같은 밤에 담당 변호사가 의뢰인과 법원에 대한 부담감으로 짓눌려 몸부림치면서 기록을 계속 **째려보면**, 갑자기 광야에 길이 나고 사막에 강이 열리는 역사가 벌어지기도 합니다. 사건의 승패는 미리 고정된 것이 아닙니다. 담당 변호사가 소송기록을 째려보면 질 것 같던 사건도 이기고, 기록을 째려보지 않으면 이길 것 같던 사건도 질 수 있습니다.

저는 시간을 거치면서 변호사의 일에는 머리도 필요하고 지능도 필요하지만, 기본적으로는 시간이 가장 크게 필요하다는 것을 알았습니다. 현실적으로 변호사 일은 지극히 시간 소모적입니다. 어떤 변호사가 법원의 판례를 잘 안다고 자만해서 제대로 찾아보지 않으면 꼭 틀리고 사건을 망칩니다. 법원에 낼 소장이나 준비서면을 한번 쓰고 서둘러 제출하면 숱한 실수를 합니다. 그러나 두 번 세 번 스스로 검토를 하고 수정해서 제출하면 서면의 질과 사건의 양상이 백팔십 도 달라집니다. 누구나 '여유 있는 삶'을 추구합니다. 만일 변호사가 '여유 있는 삶'을 추구하면 사건에 투여할 시간이 최소화되고, 나에게 사건을 맡긴 의뢰인의 삶과 행복이 위태해집니다. 그러나 변호사가 '여유 있는 삶'을 포기하고 자기의 시간을 부인(否認)하면, 사건이 살아나고 의뢰인의 인생이 살아납니다. "자기 목숨을 보전하고자 하는 자는 잃을 것이요 잃는 자는 살리리라"는 누가복음 17장 33절의 말씀처럼, 다소 비극(悲劇)적인 일이지만, 저 같은 변호사의 '일용할 양식 구하는 일'에는 "(나에게 돈을 주는) 친구를 위하여 자기 목숨을 버리면 이보다 더 큰 사랑이 없다"는 요한복음 15장 13절의 예수님 말씀과 통하는 장렬(壯烈)한 면이 있습니다.

변호사의 마케팅에는 술과 골프, 인맥 관리와 자기자랑

등 여러 가지 방법이 사용됩니다. 그러나 가장 중요한 마케팅 방법은 사건과 의뢰인에 애정을 가지고 나의 시간과 나의 노력을 투입하여 나 자신을 부인(否認)하는 것입니다. 사건을 해결하기 위해 '목숨 걸고' 변론요지서를 써서 무죄판결을 받아 의뢰인을 구원하고, 설사 지더라도 있는 정성을 다해 사건을 끌고 갔을 때 변호사와 의뢰인은 전투적 동지애를 가지게 되고 신의와 사랑과 신뢰와 믿음을 가지게 되는데, 이것이 가장 강력한 마케팅 방법입니다.

하지만 직장생활에서 너무 죽어라고 일만 하면 건강에 문제가 생기고 한계가 오는 신호가 발생합니다. 어려운 일이지만 조절이 필요하고, 한계를 인정하는 것이 불가피할 때에는 지혜롭게 후퇴를 하거나 퇴각해야 합니다. 무조건 앞으로 나가거나 무조건 버티어야 한다고 생각할 필요는 없습니다. 우리가 하나님과 함께하면 성읍(城邑)에서도 복을 받고 들에서도 복을 받으며 들어와도 복을 받고 나가도 복을 받으니,[19] 믿음 안에는 큰 자유(自由)가 있습니다. 열심히 일하는 것과 절제하는 것을 병행하는 것은 어렵습니다. 그

---

19. 네가 네 하나님 여호와의 말씀을 삼가 듣고 내가 오늘날 네게 명하는 그 모든 명령을 지켜 행하면, … 성읍에서도 복을 받고 들에서도 복을 받을 것이며, … 네가 들어와도 복을 받고 나가도 복을 받을 것이니라." (신명기 28:1~6)

러나 적당한 선에서 절제를 하지 못하는 것도 죄입니다. 일이 너무 많아서 못 견딜 정도가 되면 현명하게 일을 멈추어야 합니다.[20] 바보처럼 아무 말도 못하고 분골쇄신하다 쓰러지는 것도 멍청한 일이고, 짜증 충만해서 직장 상사에게 화를 내고 일을 집어던지는 만행을 부리는 것도 좋지 않습니다. 하나님께 지혜를 구하고[21], 가장 말이 통하는 착한 선배나 직장 상사에게 SOS 신호를 보내서 더 이상의 무리한 업무와 사건 배당을 받지 않도록 조처를 하는 영리함도 필요합니다.

---

20. "지나치게 의인이 되지도 말며 지나치게 지혜자도 되지 말라 어찌하여 스스로 패망하게 하겠느냐 지나치게 악인이 되지도 말며 지나치게 우매한 자도 되지 말라 어찌하여 기한 전에 죽으려고 하느냐." (전도서 7:16~17)

21. "너희 중에 누구든지 지혜가 부족하거든 모든 사람에게 후히 주시고 꾸짖지 아니하시는 하나님께 구하라 그리하면 주시리라." (야고보 1:5)

토론할 주제 3-1

1. 일용할 양식을 구하는 직장의 현실에 대해서

❶ 내가 직장생활에 대해서 느끼는 불만과 고민에는 어떤 것이 있는가?

❷ 내가 직장에 느끼는 불만 중 정당한 불만과 잘못된 불만을 구분해 볼 수 있을까?

2. 직장생활의 재미에 관해서

❶ 내가 다니는 직장생활에는 재미나 보람이 있는가?

❷ (있다면)어떤 때에 직장생활의 재미나 보람을 느낄 수 있는가?

❸ (없다면)직장생활에서 재미나 보람을 느끼기 어려운 이유는 무엇인가?

3. 성경이 가르쳐주는 일의 현실과 소망에 대해서

❶ 성경이 가르쳐주는 노동의 냉정한 현실성에 대해 묵상해 보자 – 아담의 선악과 취식으로 인한 인간의 죄와 악과 고난

❷ 성경이 가르쳐주는 노동의 소망과 보람에 대해서 묵상해 보자 – 지금 나의 일이 고통스럽고 답답해도 이 일에 소망을 가지고 웃으면서 노력할 수 있을까?

2.
직장에서 나에게 빚진 자를
미워하지 않고 용서하는 법

―――――――

"우리가 우리에게 죄 지은 자를 사하여 준 것 같이 우리 죄를 사하여 주시옵고"

(마태복음 6:12)

모든 다툼과 미움의 원인 _ '서로 본전이 안 맞는 것' (본전 Theory)

돈내기 카드나 화투 게임에서 항상 게임이 끝나고 나면 본전 계산이 맞지 않습니다('본전이론')[22]. '본전(本錢, 밑천)이 안 맞는 현상', 즉 사람들 사이에 서로 간의 몫을 달리 생각하는

―――――――

22. 돈내기 카드나 화투를 끝내면, 대부분 돈을 땄다고 인정하는 액수의 합계가 돈을 잃었다고 주장하는 액수의 합계보다 작습니다. 서로 본전 계산이 다르기 때문입니다. 보통 돈을 딴 사람은 고의적이든 무의식적이든 실제로 딴 돈보다 적게 땄다고 하고, 돈을 잃은 사람은 마찬가지로 실제로 잃은 돈보다 더 잃었다고 억울해 하곤 합니다.

현상은 거의 모든 재산권과 권리와 분배의 문제에서 발생합니다. 현실 속에서 경제생활과 직장생활을 하는 우리들은 신비(神秘)로울 정도로 항상 서로 자기의 몫이 타인이 몫보다 더 큰 것으로 계산합니다. 이것은 직장 상사와 부하 사이, 기업주와 노동자 사이는 물론 심지어 남편과 아내 사이에서까지도 빈번하게 발생하는 인간의 보편적인 사고방식이자 행동 양식입니다.

현실 세상의 경제적이고 법적인 분쟁에서 이해 당사자들은 서로의 몫을 두고 다투면서, 모두가 서로 억울해하고 상대방을 미워합니다. 다툼의 원인에는 '서로 본전, 즉 자기 몫에 대한 계산이 다르다'는 점이 크게 작용합니다. 민사재판에서 원고와 피고가 싸울 때 원고는 자기의 정당한 권리의 몫을 '[100] 중 [80]'이라고 생각하고, 피고는 자기의 몫을 '[100] 중 [60]'이라고 생각합니다. 그러니까 둘 다 억울해 하고 자기가 '절반 이상' 정의롭다고 생각합니다. 원고는 자기가 팔십 퍼센트 옳다고 생각하지만 피고도 자기가 육십 퍼센트 옳다고 생각하기 때문입니다. 그 결과 원고와 피고가 생각하는 각자의 권리의 몫을 더하면 [100]이 아니고 [140(=80+60)]이 됩니다. 이 초과분의 거품 [40] 만큼 원고와 피고는 서로를 분하게 생각합니다.

원고는 피고를 "자기 정당한 몫이 [20 (=100-80)] 뿐인데 자기 몫이 [60]이라고 주장해서 내 정당한 몫 [80] 중 [40]을 빼앗아가려고 하는 나쁜 놈"이라고 생각합니다. 피고는 원고를 "자기 몫이 [40 (=100-60)] 뿐인데 자기 몫이 [80]이라고 부풀려서 내 몫 [60] 중 [40]을 뺏으려고 하는 나쁜 놈"이라고 생각합니다. 그 결과 원고에게는 피고가, 피고에게는 원고가 십계명 중 열 번째 계명, '네 이웃의 것을 탐하지 말라'[23]를 위반한 죄인이 됩니다. 다른 한편으로는 원고나, 피고나 양자 모두 상대방에 의해서 부당하게 [40]만큼의 자기 몫을 빼앗길 위기에 놓인 억울한 사람들이기도 합니다. 그 결과 분쟁에 있어서 산술적인 진실과 정의, 즉 "더하기 빼기 합계 백 퍼센트"인 상황이 존재하는 경우는 오히려 희박합니다. 노름판에서 본전(本錢)이 안 맞는 것처럼, 세상의 분쟁은 모두 사람들의 본전이 맞지 않기 때문에 생깁니다.

직장생활의 업무처리 과정에서, 직장 상사와 후배 직원 간에 벌어지는 분쟁과 다툼과 상처의 발생 원인도, 마찬가

---

23. "네 이웃의 집을 탐내지 말라 네 이웃의 아내나 그의 남종이나 그의 여종이나 그의 소나 그의 나귀나 무릇 네 이웃의 소유를 탐내지 말라." (출애굽기 20:17)

지로 본전이 맞지 않기 때문입니다. 일반적으로 직장의 초년병 직원들은 같이 일한 선배, 직장 상사들과의 사이에서 짜증을 느낄 때 가장 큰 스트레스를 받습니다. 직장 상사가 미워지고 회사가 나빠 보입니다. 하지만 직장 상사나 선배들의 계산과 입장은 전혀 다릅니다. 후배 직원이 만족할 만한 수준의 일을 해 내지 못하면 선배 직원은 무척 괴로워집니다. 착한 선배 직원들은 제대로 성질도 못 내고 후배 앞에서 괴로움에 몸부림치는 표정을 짓게 됩니다. 이때 그 상대인 후배 직원은 자기 인격을 무시당한 것 같은 모멸감을 느끼고, '저 인간은 제대로 가르쳐 주지도 않으면서 성질만 낸다'고 선배나 직장 상사를 원망하기 시작합니다. 이 사람도 미워지고 저 사람도 미워지고, 내가 정당한 대우를 받지 못한다고 느끼기 시작합니다. 이 상황이 직장 상사나 선배들에게는 그렇게 인생을 걸 만큼 괴로운 일이 아닙니다. 그러나 직장 초년의 후배 직원에게는 인생의 치명적 위기로까지 진척되고, 사무실 생활이 매우 힘들어지기 시작합니다. 심할 경우는, 지옥을 따로 상상할 필요가 없을 정도로 직장생활이 괴로워지고 직장에 하루 하루 출근하는 것까지도 매일 도살장에 끌려가는 소처럼 슬프고 힘겨워집니다.

채권과 채무, 권리와 의무의 정확한 계산이 필요하다.

그러나 여기에서 우리는 나와 상대방, 즉 피아(彼我)간의 채권 (credit)와 채무(debt)를 정확히 인식하고, 정확하지 않거나 불공정하게 상대방의 빚을 크게 주장하는 착각과 잘못을 범하지 말아야 합니다. 주기도문의 다섯 번째 기도 '우리가 우리에게 죄 지은 자를 사하여 준 것 같이 우리 죄를 사하여 주옵시고'의 NIV 영어성경 번역은 'Forgive us our debts, as we also have forgiven our debtors'라고 하여 빚(채무, debt), 빚진 자(채무자, debtor)라는 표현을 쓰고 있습니다. 이 주기도문의 내용을 '우리에게 죄지은 자'가 아니라 '우리에게 빚진 자'로 읽으면 우리의 직장생활에 더 뚜렷하게 적용할 수 있습니다.

우리가 상대방의 빚(채무)을 용서해 주는 것, 탕감해 주는 것은 내 채권과 권리를 버리는 일이므로 매우 어려운 일입니다. 그러나 상대방의 채무, 잘못을 용서해 줄까 말까 하는 고민을 하기 전에, 우선 '과연 이 상황에서 상대방이 빚진 자(채무자)인지, 아니면 내가 빚진 자(채무자)인지' 여부를 정확히 파악하고 따져보는 것이 필요합니다. 만일 알고 보니 두 사람 중 채무자는 상대방이 아니고 바로 나 자신이었다면, 굳이 존재하지도 않는 상대방의 빚(잘못)을 용서해 주려고 기를 쓰고 애를 쓸 필요가 없습니다. 화를 낼 필요도 없게 되니까, 인생이 훨씬 간편해집니다.

회사에서 동업자들 간의 갈등은 서로 상대방의 이익을 침범할 때 생기고, 직장 상사와 초년병 사원 간의 갈등은 보통 업무수행의 질이나 마감시간이 잘 맞지 않았을 때 생깁니다. 직장 초년병 시절에 내가 한 일이 조금 꼬이고 직장 상사가 나에게 신경질을 내면, 인상을 쓰는 직장 상사를 '저 나쁜 놈, 나에게 못되게 구는 놈, 나에게 빚진 자'로 생각할 필요 없이, '이번에는 내가 일을 조금 잘 못했구나, 다음번에는 잘 해야지'하고 나 자신을 빚진 자(debtor)로 생각하고 나 자신에 대한 용서(forgive me my debt)를 구하는 것이 더 간명하고 정확합니다. 만일 내가 진 빚(채무)을 인정하지 않고 상대방의 빚(채무)만 너무 깊이 묵상하기 시작하면, 우리가 인간의 힘으로는 도저히 할 수 없는 '용서의 벽'[24]에 부딪히고, 상

---

24. 영화 '밀양'에서 여주인공 전도연이 자기 아들을 해친 살인범을 억지로 무리하게 용서하려다가 지독한 시험에 빠지는 장면이 있습니다. 우리는 열심히 믿고 열심히 용서해야 하겠지만, 나의 '용서할 수 있는 능력'을 너무 믿으면 안 됩니다. 인간이 할 수 있는 것은 세상의 일에서나 믿음의 일에서나 모두 큰 한계가 있습니다. 우리는 인간의 한계를 무시하고 나의 믿음의 능력을 과대평가하고 무리한 짓을 벌이다가 시험에 빠지는 우(愚)를 범하면 안 됩니다. 우리는 세상적으로도 잘난척하지 말아야지만, 믿음으로도 잘난척을 말아야 합니다. "그런즉 선 줄로 생각하는 자는 넘어질까 조심하라." (고린도전서 10:12)

대방에 대한 미움과 증오로 몸부림치게 됩니다.

직장생활과 "클라이언트쉽(Clientship)"

냉정하게 말하면, 인간성의 좋고 나쁨과 친절함 여부와 무관하게, 나에게 일을 맡기는 직장 상사와 선배는 나에게 일을 주고 내가 먹고살 기회를 제공하는 고마운 '고객(client)'이라고 볼 수도 있습니다. 세상에는 공짜가 없으니, 우리가 돈을 벌 때는 어떤 형태로든 그 돈에 대한 대가를 치러야 합니다. 일해서 돈을 버는 사람은 돈을 주고 일을 주는 고객의 필요(needs)에 맞출 책임이 있습니다. 돈을 주고 짜증을 내는 고객은 기본적으로 짜증을 낼 권리가 있고, 돈을 받고 일하는 나는 기본적으로 짜증을 받아낼 의무가 있습니다. 우우우! 지겹지만, 이것도 현실입니다. 제가 젊을 때도 그랬는데, 나이를 더 먹은 지금에도 이 고역에서 아직 벗어나지를 못하고 있습니다.

시장경제 아래에서 모든 직장인은 누군가에게 서비스를 제공하는 존재입니다. 회계 경리 상의 처리, 직책상의 분류와 무관하게 나에게 일을 주는 사람은, 그 사람이 직장 밖의 고객이든 직장 안의 동료 선후배이든, 모두 나에게 일을 주고 내가 돈을 벌 수 있게 해 주는 나의 소중한 고객이자 의뢰인들입니다.

고객과 나에게 일을 주는 사람은 나에게 돈을 주는 채권자(creditor)이고 나는 고객에 대한 채무자(debtor)입니다. 나에게 일을 주고 때때로 인상을 쓰는 직장 상사에게도 나는 채무자인 것입니다. 아직 일을 썩 잘할 능력이 없는 빚진 자로서, 나의 클라이언트이자 채권자인 직장 상사에게 다소 미안하게 생각하고 가급적 최대한 잘 서비스해주는 것, 즉 클라이언트십(Clientship)이 직장생활의 결정적 비결 중 하나입니다. 내가 잘해 주면 고객도, 직장 상사와 선배들도 나에게 잘 해줍니다. 오해는 하지 마세요. 이 얘기는 직장에서 어용(御用)이 되자는 말이 결코 아닙니다. 저는 세상에서 어용과 간신을 제일 싫어하는 사람입니다. 현명하게 하자는 것입니다. 오히려 나에게 일을 주는 고객, 클라이언트들에게 일로서 잘해주면, 하고 싶은 말을 다 할 수 있고 직장생활에서 어용이나 간신이 되지 않을 수 있습니다.

토론할 주제 3-2

1. 직장생활에서 나와 다른 사람들의 본전 - 나의 채권과 채무

❶ 직장생활에서 나의 채권과 나의 채무에는 어떤 것이 있을까 열거해 보자.

❷ 직장에서 내가 억울하고 분한 일을 당했을 때, 나는 용서할 자(채권자)에 해당하였는지 용서받을 자(채무자)에 해당하였는지 돌이켜 생각해 보자.

❸ 직장생활에서 내가 나의 채권과 채무를 착각하거나 오해했던 경험은 없는가?

2. 직장생활에서 타인을 용서한다는 것

❶ 나는 직장생활에서 어떤 때에 타인에게 분노하는가?

❷ 나는 직장생활에서 어떤 때에 타인을 용서하기도 싫어지는가?

❸ 내가 직장생활에서 타인을 용서해 주었던 경험, 그것이 나에게 억지나 무리가 되었던 경험, 또는 그것이 나에게 보람이나 즐거움을 주었던 경험을 생각해 보자.

❹ 직장생활에서 내가 타인으로부터 용서를 받았던 경험. 그 때 내가 받았던 느낌을 말해 보자

3.
직장에서 시험에 들지 않고
악에 빠지지 않는 법

"우리를 시험에 들게 하지 마시옵고, 다만 악에서 구하시옵소서"

(마태복음 6:13)

사례3 _ 선한 일을 하면 어찌 얼굴을 들 수 없으랴 (창세기 4:7)

저의 직장 생활 초년병 시절과 나중에 상사가 된 이후의 경험을 기초로 해서, 아주 현실적인 얘기를 해 보겠습니다.

이제 막 법률회사에 취직한 신입 변호사 1년 차가 직장 상사인 선배 변호사와 처음 일을 하게 됩니다. 처음 보는 어떤 법과 관련해서, 해당 분야의 전문적인 기업, 전문부서에서 답이 안 나와서 보낸 어려운 질문을 놓고 어떤 방침을 세우는 것이 좋을지에 대한 법률질의에 대한 의견서를 써야 합니다. 도대체 무슨 내용인지 잘 알지도 못하는 상태에서, 씨름하면서 끙끙거리면서 일주일 걸려서 의견서를 쓰고 선배 변호사에게 주었습니다. 막판에는 내용에 자신도 없고 시간은 없고, 선배 변호사는 한 마디 조언도 해 주지 않고…. 한계 상황에 몰려서 스스로 확신이 가지 않는 의견서를 대충 끝내고 선배 변호사에게 이메일로 초안을 날려 보냈습니다. 선배 변호사가 시비를 걸지 않고 착하게 그냥 넘어가 주기를 애타게 간절히 기도했건만…, 평소에는 별로 똑똑해 보이지도 않던 그 선배 변호사는 내가 쓴 의견서의 잘못된 얼렁뚱땅 쓴 부분만 귀신같이 꼬박꼬박 찾아내서 고칠 것을 요구합니다. 답답한 마음으로, 나로서는 최대한의 노력을 다해 대~충 고쳐서 보냈는데, 선배 변호사는 급기야 도저히 안 되겠다는 표정을 짓고는, 내가 쓴 의견서를 다 털어버리고 자기가 직접 의견서를 써서 의뢰인에게 보내고, 나에게 '싸늘한 눈길' 한방을 획~ 날려 보냅니다. 나는 잠시 당황하였다가는 몹시 분하여 안색이 변합니다[25]. '나를 뽑아

---

25. "가인과 그의 제물을 받지 아니하신지라 가인이 몹시 분하여 안색이 변하니." (창세기 4:5)

올 때에는 그렇게 친절하게 굴더니 이게 뭐냐, 좀 쉬운 일을 주던지, 어려운 일을 주었으면 힌트를 미리 주고 가르쳐 주던지, 그러지도 않고 나를 무시하고, 자기가 직접 쓴 의견서를 읽어보니까 그것도 그리 대단한 명문장(名文章)도 아닌 주제에…' 이렇게 성질을 내기 시작하면, 그 다음번에 그 선배 변호사가 주는 일은 잘하기도 싫고 잘할 자신도 없어지고, 저 사람은 나를 계속 미워하고 싫어하고 무시하게 될 것 같고, 그런 눈치 보는 것도 싫고, 이렇게 세 번 정도 악순환(惡循環)이 계속되어 일을 망치면 그 상급자 선배 변호사는 더 이상 나와 일을 하지 않게 됩니다.

이때 문제의 해결은 사실 굉장히 단순합니다. 앞에 있었던 불편함은 내가 한 번 일을 잘못한 것에 불과한 것으로 생각하고 지나 보내면 되는 것입니다. 다음번에 그 상급자와 한 번 더 일하는 기회에 내가 온 정성을 다해, 두 번 세 번 내 손으로 자체 리뷰하고 수정작업을 하고, 정말 잘 모르겠으면 가까운 1~2년 차 위 선배에게 물어보거나 그래도 답이 안 나오면 최대한으로 착해 보이는 다른 선배에게 조언을 받아서라도 나의 성의를 다한 의견서나 소송서면을 만들어내면, 나빴던 기억은 끝나고 선순환(善循環)의 길에 들어서게 됩니다. 직장 상사는 내가 한 '일'에 화를 낸 것이지 나라는 '사람'에게 화를 낸 것이 아니기 때문에, 한번 멍청했던 놈이 다음번에는 아주 똑똑하게 일을 해내면 오히려 고맙고 행복해합니다. 자기가 믿고 일을 시킬 수 있는 사람이 한 명 더 생겼기 때문입니다. 내 일의 산출물(production)이 충분치 못해서 일이 한번 꼬였을 때, 하나님이 가르쳐 주신 '선한 일을 행해서 낯을 드는 방법[26]'을 생각하면 우리가 시험에 들지 않고 벗어나는 것이 가능합니다. 일이 꼬일 때 안색이 붉어져 분함을 지속하고 원망을 지속하면 나의 인생은 문 앞에 엎드려 나를 노리고 있는 죄에 먹히고, 나는 원망과 분노의 사무실 생활을 보내게 됩니다.

두 달란트 받은 자의 위험과 기회 (마태복음 25:17, 22~23)

세상의 직장에는 항상 경쟁이 있습니다. 내가 가장 높이 인정받는 사람이 되면 좋겠는데, 안타깝게도 항상 나보다 더 잘하는 동료가 있습니다. 우리는 대부분 예상외로 내가 일을 잘못 한다는 것을 발견하면서 당황하게 되고, 또는 평균 정도밖

---

26. "여호와가 가인에게 이르시되 네가 분하여 함은 어찌 됨이며 안색이 변함은 어찌 됨이냐 네가 선을 행하면 어찌 낯을 들지 못하겠느냐 선을 행하지 아니하면 죄가 문에 엎드려 있느니라 죄가 너를 원하나 너는 죄를 다스릴지니라." (창세기 4:6~7)

에 못 하거나 잘 못 하는 측에 속한다는 느낌에 기가 죽고 우울하게 됩니다. 나에게는 인상이 딱딱한 직장 상사가 내 동기 동료에게는 막 다정하게 웃음을 날릴 때, 나에게는 규모가 작은 시시한 사건과 업무만 주고 내 동료에게는 세상에 소문난 기업인수합병(M&A) 같이 고급 사건의 주무 책임자를 맡길 때, 우리는 기가 죽기도 하고 짜증도 납니다. 나에게는 좋은 사건 좋은 업무를 할 기회를 주지 않는 회사와 직장 상사가 불공정하다고 생각하게 되고, 지저분한 고소 사건, 소액의 대여금 회수 사건 등 나에게 오는 짜잘하고 허접한 사건들은 더는 열심히 하고 싶지도 않고 쳐다보기도 싫습니다.

이렇게 되면? 확실하게 망합니다! 아직 나에게 업무와 사건이 오고 있다면, 나는 마태복음 25장 15~30절의 달란트 비유 중 가장 잘 나가는 '다섯 달란트 받은 자'는 아니더라도, 여전히 '두 달란트 가진 자'이거나 최소한 '한 달란트 받은 자'에는 해당합니다.

성경의 두 달란트 받은 자는 다섯 달란트 받은 자를 보고 질투하고 화를 내지 않은 채, 열심히 장사해서 두 달란트를 남기고 '네가 작은 일에 충실하였으니 내가 너에게 많은 일을 맡기겠다'는 주인의 칭찬을 받았습니다(마태복음 25:22~23).

주인의 칭찬에는 다섯 달란트 받은 자와 두 달란트 받은 자 간에 아무 차이가 없었습니다(마태복음 25:20~21). 그러나 한 달란트 받은 사람은 짜증을 내고 주인을 미워하다가 있던 한 달란트도 빼앗기고 말았습니다(마태복음 25:24~28).

일을 시키는 사람의 입장에서는 일의 크기, 양질 여하를 막론하고 작은 사건 하나를 완전히(thoroughly), 책임지고 (responsibly) 해 내는 사람이 가장 고맙습니다. 제 경험상 가령 소송금액 1천만 원 이하의 동네 사채 대여금 사건, 서류도 제대로 구비되어 있지 않고 고소·고발이 지저분하게 얽혀 있는 사건을 찡그리지 않고 진지하고 열정적으로 잘 처리하는 후배에게는, 그다음에 1억 원짜리 사건, 10억 원짜리 사건, 수백억 수천억 원짜리 소송금액의 대형 사건도 믿고 맡길 수 있습니다. 매일 고급 사건만 하고 싶어하고 작은 사건은 싫어하는 사람, 작은 사건을 주면 짜증내고 싫어하는 후배 변호사에게는 겁이 나서 결코 큰 사건, 좋은 사건을 맡길 수가 없습니다. 작은 사건을 즐기는 사람에게는 큰 사건을 줄 수 있고, 큰 사건만 하고 싶어 하는 사람에게는 겁이 나서 작은 사건도 줄 수 없습니다.

나보다 더 잘하는 사람, 나보다 더 인정받는 사람을 보고 시험에 들지 말고 지금 나에게 맡겨진 사건에 그냥 성의를 다하는 것, 꼭 다섯 달란트 받은 사람이 되려고 할 것 없이 지금 나에게 맡겨진 두 달란트를 가지고 최선을 다하는 것이 직장생활에서 더 큰 일, 더 고급의 전문성 있는 사건과 업무를 할 기회를 가지는 유일한 길입니다.

그리스도인의 시험과 싸움

세상과 직장생활이 주는 시험에는, 나의 잘못이나 객관적인 상황의 한계 때문에 오는 시험만 있는 것이 아니라, 다른 사람의 잘못, 객관적인 악으로 인하여 겪게 되는 시험도 있습니다. 보통 우리 기독교인들은 시험이 올 때는 그 시험으로부터 벗어나기를 소극적으로만 기도한다는 선입견이 있지만, 만일 어떤 시험이 사람들의 악과 죄로부터 발생하고 우리에게 죄와 악에 굴복할 것을 요구할 때는, 우리는 그리스도인으로서 그 시험에 맞서 굴복하지 않고 당당하게 하나님의 원리로 맞설 것을 요구받는 때가 있습니다.

주기도문의 세 번째 인생 기도인 '시험과 악'은 모두 인간의 구체적인 불의와 선의가 인생 속에서 부딪치는 현장들을 묘사합니다. 시험에 들게 되면 시험에서 구해 달라고 기도하는 것만으로는 부족합니다. 내가 당면한 시험의 내용과 이유가 무엇인지 파악을 해야 합니다. 사적 욕망에서 온 시험인지 공적 관계에서 온 시험인지, 타인의 잘못이나 악의에서 비롯된 시험인지, 나의 어리석음과 실수에서 비롯된 시험인지, 세상과 직장의 구조적인 부조리와 고장(malfunction)으로 인한 시험인지를 따져 보아야 합니다.

그러고 나서 그 시험이 내가 감당할 수 있는 것인지 감당할 수 없는 것인지, 맞서 싸워야 하는지 피하고 도망가야 하는지를 판단하고 대응을 해야 합니다. 시험에 들었을 때 착하게 응대하고 순하게 침묵하는 것만이 기독교적 정답은 아닙니다. 시험에 들었을 때는 시험에 들게 하는 악과 응당하게 대응을 하고 싸움을 하는 것이 더 기독교적인 정답일 가능성이 큽니다.

하나님께 '우리를 악에서 구하옵소서'라고 기도할 때에, 우리는 대체로 아마 그 악은 나의 악이 아니고 다른 사람의 악이거나 이 세상의 사탄(악한 영)에 의한 악이라고 마음 편하게 남에게 밀어놓는 경향이 있습니다. 그러나 그 기도를 하는 나도 악합니다. '나를 시험에 들게 하지 마시옵소서'라고 기도하는 나는 직장생활에서 수시로 다른 사람을 시험에 들게 하는 장본인이 될 수도 있습니다.

이 항목의 얘기는 조금 어렵습니다. 직장의 초년병들은 직장이 주는 시험에 빠지지 않기도 쉽지 않은데 직장이 주는 시험과 맞서 싸우는 것은 엄두가 안 나거나 불안하고 위태할 수도 있습니다. 그러나 하나님의 원리는 세상의 원리를 이기고, 세상이 주는 시험을 이겨낼 힘을 주고 거꾸로 세상을 시험에 빠뜨리는 지혜를 우리에게 줄 수 있습니다. 우리는 믿음을 가지고 직장의 시험에 당당하게 맞설 필요가 있습니다.

특히 우리가 직장의 상급자가 된 이후에는 어느 정도 힘이 생기면, 직장생활에서 내가 시험에 드는 피해자가 되는 문제보다 내가 다른 사람을 시험에 들게 하는 가해자가 될 수 있다는 점을 알고 경계해야 합니다. 나쁜 사람도 힘이 없으면 다른 사람을 해치는 악한 일을 할 수 없지만, 착한 사람도 힘이 있으면 다른 사람을 해치는 악한 일을 할 수 있습니다. 우리가 시험에 빠지지 않으려면, 시험과 맞서 싸워야 할 때가 있고, 우리가 악에서 벗어나는 기도는 타인이 내게 가하는 악에서 벗어나는 기도뿐만 아니라 내가 남에게 가하는 악에서 벗어나기 위한 기도를 포함합니다.

토론할 주제 3-3

1. 직장생활에서 시험에 들었던 경험

❶ 직장생활에서 내가 시험에 들었던 경험을 돌이켜 보자.

❷ 내가 직장생활에서 시험에 들었던 원인은 무엇인가?

❸ 나는 그 시험에 대해서 어떻게 느끼고 어떻게 반응했나?

2. 직장생활의 경쟁과 낙심

❶ 직장생활에서 벌어지는 경쟁으로 인한 나의 피곤함과 지긋지긋함에 대해서 말해보자.

❷ 직장생활에서 나보다 잘난 사람이 있을 때 나의 느낌과 좌절감에 대해서 말해보자.

❸ 직장생활에서 경쟁과 낙심을 견디거나 극복한 경험이 있는가?

3. 직장생활의 시험과 싸움

❶ 직장생활에서 부당한 시험을 경험한 적이 있는가?

❷ 직장생활에서 부당한 시험을 경험할 때에 그에 맞서 싸울 수 있었는가 아니면 참고 견딜 수밖에 없었는가?

❸ 직장생활의 부당한 시험이 올 때 그 시험을 맞서 감당하고 싸워 이기기 위해서는 어떤 태도와 지혜가 필요할까?

❹ 내가 직장생활에서 고의적으로나 무의식적으로나 동료나 선후배를 시험에 빠지게 한 일은 없었는지 생각해 보자

4.

직장에서 하나님 이름을
더럽히지 않는 법

"아버지여 이름이 거룩히 여김을 받으시오며" (마태복음 6:9)

소망의 이유를 품고, 신사적으로

내가 회사에서 믿는 사람으로서의 정체성(identity)을 밝히고 있다면, 가급적 직장에서 핏대를 올리지 않는 것이 좋습니다. 내가 화를 내면 상대방은 공격받았다고 생각하게 되고, 공격받은 사람과는 원만한 관계를 맺기가 어렵습니다. 갈등이 생기고 성질이 나고 한마디 콕 쏘아 주고 싶을 때, 하나님의 얼굴을 생각하고, 한 호흡 멈추어 가는 것이 필요합니다.[27]

27. "할 수 있거든 너희로서는 모든 사람과 더불어 화목하라." (로마서 12:18)

믿음의 유무에 상관없이 사무실의 동료 모두에게 신사적(紳士的)으로 대해야 합니다(사도행전 17:11). 굳이 전도한다고 예수 천당, 불신 지옥을 강요하거나, 내가 믿으니까 상대방보다 내가 잘났다는 식의 오만하고 공격적인 관계를 형성하는 것은 하나님 이름을 위해서도 하나님 나라의 확장을 위해서도 전혀 좋지 않습니다. "(1)다른 사람들은 신사적으로 존중하고, (2)나는 미친 듯이 하나님을 믿고," 다른 사람들은 공격(attack)하지는 맙시다. 모든 인생이 어렵기 때문에 사람에게는 인생의 한계를 느끼는 때[28]가 오며, 직장과 일에 답답함을 느낄 때 사람들은 하나님이든지 다른 무언가를 찾게 됩니다. 평상시 나의 믿음을 확실하면서도 점잖게(radically & gently) 보여주고, 친구와 동료들이 나에게 나의 속에 있는 소망의 이유를 물어볼 때, 잘 대답할 수 있도록[29], 평상시에 믿음의 능력과 실력을 끊임없이 갈고 닦아놓아야 합니다.

---

28. "너는 청년의 때에 너의 창조주를 기억하라 곧 곤고한 날이 이르기 전에, 나는 아무 낙이 없다고 할 해들이 가깝기 전에." (전도서 12:1)

29. "너희 마음에 그리스도를 주로 삼아 거룩하게 하고 너희 속에 있는 소망에 관한 이유를 묻는 자에게는 대답할 것을 항상 예비하되 온유와 두려움으로 하고" (베드로전서 3:15)

사례4 _ 회사 생활과 하나님의 이해관계

:"나갈 때 나가더라도 웃으면서 나가라!"

저는 직장생활을 몇 년 한 후에 믿음을 가지게 되었습니다. 믿음을 가지게 된 초기에는, 매일 밤늦게까지 일만 해야 하는 법률회사의 변호사 생활이 하나님의 일을 할 시간도 빼앗고 방해를 하는 것 아닌가 하는 느낌이 있었습니다. 개인적으로는 처자식이 있고 경제적으로 안정이 안 되었으니 아직 일을 더 하고 돈을 벌어야 하는 처지이지만, 가능하다면 언제든지 바쁜 회사를 떠나 시간이 많은 환경으로 옮겨서 전도나 하나님 일에 좀 더 많은 시간을 쓸 수 있었으면 좋겠다는 바람이 많았습니다.

드디어 미국에 연수를 다녀와서 사무실에 복귀한 지 약 1년 후 파트너 변호사 승진과 관련해서 사무실을 떠날 기회가 한번 왔었습니다. 일반회사로 치면 간부사원으로 승진되는 기회와 비슷합니다. 당시 제가 다니던 법률회사에서는 정책적으로 파트너 승진 시기를 반년 내지 1년 정도 미루려고 하였고, 그 과정에 제가 걸리게 되었습니다. 무척 기분이 나쁘고 마음이 상했었습니다. '내 나름대로 이렇게 열심히 일했는데, 얼마나 더 내 노동력을 뽑아 먹으려고 나를 이렇게 대접을 한단 말이냐' 하는 식으로 내심 무척 화가 났습니다. 그러던 중 갑자기 '아! 이 기회야말로 법률회사를 떠나서 더 여유로운 시간을 가질 수 있는 환경으로 바꿀 수 있도록, 하나님이 나에게 주신 기회가 아닌가?' 하는 생각이 들었습니다.

그때부터 사무실을 떠날 생각을 더 진행하였고, 최종적으로 하나님께 내 계획을 컨펌받기 위해서 제가 다니는 교회의 금요기도회에 나갔었습니다. 그런데 기도를 시작한 지 얼마 안 되어서 성령 하나님께서 저에게 **'나갈 때 나가더라도 웃으면서 나가라'**고 말씀하시는 듯한 느낌을 받게 되었습니다.

그러자 갑자기 생각의 방향이 확 바뀌게 되었습니다. 나 개인의 입장에서는 파트너 승진이 6개월 늦추어지는 것이 화가 나고 자존심도 상하는 일이었습니다. 그러나 사무실 사람들의 눈으로 본다면, '자기만 혼자 파트너 승진이 늦추어지는 것도 아닌데, 파트너 조금 늦게 시켜준다고 확 삐져서 사무실을 떠나는구나. 그동안 갑자기 하나님 믿게 되었다고 매일 광신자처럼 하나님 얘기만 하고 다니더니, 예수 열심히 믿는 놈이라고 해봐야 결국 별것 없군!' 하는 생각을 가지게 되겠다는 생각이 번쩍 들었습니다.

그렇다면 내가 잔뜩 화를 내면서 사무실을 나가는 것은, 하나님의 일을 더 하기 위한 것이 아니라, 한마디로 '하나님 얼굴에 똥칠하는 것'이라는 생각이 들었습니다. 이렇게 생각의 흐름이 바뀌니까 잔뜩 품었던 화도 풀어지고 그 뒤로 그냥 사무실에 붙어있게 되었습니다.

법률회사의 생활 스타일이 워낙 빡빡하고 바쁘니까, 저처럼 오래 붙어있는 사람도 있지만 중간에 더 자유로운 생활방식을 찾아서 나가는 사람들도 많습니다. 결국 회사에 붙어있고 나가는 것은 그리 중요한 일은 아니라고 생각하지만, 당시의 경험은 이후로 나의 선택이 '나의 이해관계에 맞는 것인지' '하나님의 이해관계에 맞는 것인지'를 중심으로 생각하게 되는 계기가 되었습니다.[30]

법률회사도 일반 직장처럼 혼자 일하는 것이 아니니 수시로 이런저런 부딪힘이 있고 사람들 간에 섭섭함과 갈등이 생깁니다. '나의 입장과 이해관계'를 중심으로 보면 화가 나는 때도 많고, 나와 부딪히는 사람들을 미워하게 되는 일도 자주 있습니다. 그러나 '하나님의 입장과 이해관계'에서 보

---

30. "이는 내 생각이 너희의 생각과 다르며 내 길은 너희의 길과 다름이니라 여호와의 말씀이니라 이는 하늘이 땅보다 높음 같이 내 길은 너희의 길보다 높으며 내 생각은 너희의 생각보다 높음이니라." (이사야서 55:8~9)

면 오히려 사무실에서 하나님을 믿는다고 설치는 사람이 마구 화를 내고 뻗대는 것이야말로 하나님에게는 가장 손해가 되는 일입니다.

내 얼굴만 생각하면 다른 사람과 다투는 마음에 사로잡히지만, 하나님의 얼굴을 생각하면 그럭저럭 참고 다른 사람과 사이좋게 지내는 것이 가능해집니다. 사실은 다수가 동업하는 법률회사 조직에서 '착하게 마음을 먹고 조금 손해를 보는 것이 결국에는 경제적으로도 이익이 되는 일'이 많습니다. 오히려 조그만 손해도 보지 않으려고 바득바득 애를 쓰면, 주변 동료나 다른 사람과의 거래가 끊기게 되고 도로 자기의 경제적 손해로 돌아오는 일이 많습니다. 결국, 회사에서의 생활과 처세술에는 의외로 성경적인 면이 많다는 것을 깨달았습니다.

토론할 주제 3-4

1. 직장생활 속 그리스도인들의 태도

❶ 나는 직장 속에서 신앙적으로 신사적인 태도를 가지는 쪽인가? 다소 공격적인 태도를 가지는 편인가?

❷ 직장에서 나를 포함한 동료 신앙인들이 하나님의 이름을 높이는 모습과 태도로 나타난 경험을 생각해 보자.

❸ 직장에서 나를 포함한 동료 신앙인들이 하나님의 이름을 떨어뜨리고 다소 부끄럽게 만든다고 느낀 경험이 있는가?

2. 직장에서 하나님의 이해관계와 나의 이해관계

❶ 직장에서 하나님의 이해관계와 나의 이해관계가 다르다고 생각해 본 일이 있는가?

❷ 내가 다니는 직장에 대한 하나님의 이해관계, 하나님의 이익을 무엇일까?

❸ 내 직장에 대한 하나님의 이해관계와 나의 이해관계가 부딪치는 경험을 한 적이 있는가?

❹ 내 직장에 대한 하나님의 이해관계를 내가 실현시키려면 어떤 생각과 실천이 필요할까?

5.

직장 속의 하나님 나라 :
나를 세우고, 모임을 세울 필요

"나라가 임하시오며" (마태복음 6:10a)

직장 속의 하나님 나라 _ 두세 사람이 모인 곳에

먼저 하나님 믿는 일을 내 인생의 중심으로 삼고 미친 듯이 예수를 믿는 일에 집중하면, 직장에서도 나를 중심으로 반경 3~5미터가량 상당히 강력한 하나님 나라 영토가 형성됩니다. 직장에서의 믿음 인생에 패배주의적 태도를 가지면, 나를 중심으로 하는 하나님 나라는 교회나 가정에만 있을 뿐, 직장에는 단 한 점(點) 단 한 평의 하나님 나라도 만들 수 없게 됩니다. 그러면 나는 완전히 세상 나라의 지배하에서

꼼짝 못 하고 살아야 합니다.

두세 사람이 예수님의 이름으로 모이는 곳에는 하나님이 계십니다(마태복음 18:20). 바쁘고, 힘 없고, 자신 없고, 등등의 이유로 회사에서 소규모의 기도 모임을 만드는 것도 쉽지 않습니다. 그러나 조금만 단단히 마음을 먹으면, 우리나라처럼 공식적인 종교 탄압이 없는 나라에서, 직장의 기도 모임이나 성경 공부 모임을 만드는 것은 무지무지하게 어려운 일도 아닙니다. 두세 사람만 있으면 됩니다.[31] 조금 용기를 내서 모임을 시작하고 진지하게 믿음을 사용하면, 혼자서 개인적인 믿음으로 끙끙거리던 때와는 전혀 다른 새로운 차원의 믿음의 역사가 벌어지고, 하나님이 나의 삶과 직장 속에서 일하시기 시작합니다. 이제는 내가 직장을 다니는 것이 나를 위한 것이 아니고 하나님을 위한 것으로 바뀌기 시작합니다. 나를 위하여 다니는 직장은 나를 만족시킬 수가 없지만, 하나님을 위하여 다니는 직장은 나의 인생을 소

---

31. "두 사람이 한 사람보다 나음은 그들이 수고함으로 좋은 상을 얻을 것임이라 혹시 그들이 넘어지면 하나가 그 동무를 붙들어 일으키려니와 홀로 있어 넘어지고 붙들어 일으킬 자가 없는 자에게는 화가 있으리라 또 두 사람이 함께 누우면 따뜻하거니와 한 사람이면 어찌 따뜻하랴 한 사람이면 패하겠거니와 두 사람이면 맞설 수 있나니 세 겹 줄은 쉽게 끊어지지 아니하느니라." (전도서 4:9~12)

중하게 만들어 줍니다.

사례5 _ 회사에서의 신앙모임

: 직장 속에 있는 하나님 나라의 진지

저는 2002년경 다니던 법률회사에서 불신자로 살다가 갑자기 신자로 바뀐 후, 처음에는 회사 속에서 개인적으로만 믿음 생활을 진행하다가, 서서히 주변에서 착실히 믿는 동료나 선후배들을 발견하면서 함께 신앙모임을 하려는 생각들이 모이기 시작했습니다. 하지만 신앙모임을 만들면 사무실이나 주변 사람들이 어떤 식으로 반응할까, 안 좋은 말들이 있지 않을까 하는 걱정과 또 한편으로는 과연 지속성 있는 모임을 만들고 유지할 수 있을지에 대한 걱정으로 2년 이상 조심하고 뜸 들이는 시간이 걸렸습니다.

2004년 가을에 5~6명의 동료 후배들과 함께 회사에서 수요성경모임을 시작했습니다. 의외로 성경모임을 시작하니까 모임에 안 나오는 사무실 사람들도 이 모임에 대해서 나쁜 말을 하는 경우보다는 "그런 것도 하네" 하면서 재미있어하고 흥미로워하는 반응이 많아서 좋았습니다.

제가 다니던 회사의 성경모임은 매주 수요일 점심때 만

나서 30분정도 밥을 먹고 1시간 정도 성경을 책별로 따라가면서, 적을 때는 한 장, 많을 때는 두세 장씩 읽고, 리더가 미리 공부해 온 내용을 조금 설명한 후, 참석자들이 돌아가면서 그날의 성경 구절에 대한 묵상이나 토론, 사무실에서의 고민과 생각을 나누는 방식으로 진행했습니다. 이 성경모임은 외부에서 목사님을 초빙해서 강의나 설교를 듣는 예배 방식이 아니라, 직장을 다니는 사람들끼리 성경을 공부하고 회사 생활과 개인 생활에 적용하면서 서로의 고민과 씨름을 나누는 방식으로 진행했습니다.

이 모임의 가장 좋은 점은 참석하는 사람들에게 바쁘게 돌아가는 사무실 생활 중에서의 오아시스 같은 기능을 해 주는 점입니다. 회사에서 상사인 파트너 변호사로 혹은 하급자인 어소시에이트 변호사로 살아가면서 겪는 어려움을 비교적 자유롭게 토로하고 서로 격려를 해주면서 현실적인 해결책을 함께 찾아주는 경우도 있습니다. 회사의 성경모임에서 함께 얘기를 나누면서 기분이 아주 평안해져서, '지금 그냥 이 자리에 앉아 있는 그대로 하나님 나라로 가도 좋겠구나!' 하는 기분이 든 일도 몇 번 있었습니다. 제가 다니던 회사의 신앙모임에는 십여 년 정도 중견 경력의 변호사들이 여럿 있고 후배 변호사들이 함께 모였는데, 직장에서의 신앙모임으로는 이런 식으로 선배와 후배가 함께 하는 구도가 괜찮지 않은가 하는 생각을 하고 있습니다.

신입일 때에 몇 년 동안 사무실 사람들에 대해서 원망 내지 불만을 가지던 것과 십여 년이 지난 후 느끼는 생각은 많은 차이가 있습니다. 처음에는 직장 상사 선배들을 상대하기도 어렵고 일에도 자신이 없고 내가 괴로울 때는 회사가 너무 나빠 보이곤 했는데, 시간이 지나고 보면 '회사나 직장의 사람들이 그렇게 선하지도 않지만 그렇게 악하지도 않다'는 것을 알게 됩니다.

믿는 사람이 직장의 저년차 초임 사원일 때 겪는 여러 가지 시험과 갈등 중 다수는 사실 신앙과 관련되는 시험이 아니고, 단순히 일 자체로 인한 시험이고 시간이 지나가면 해결되는 성격의 것들일 수도 있습니다. 전에 읽은 어느 수도사의 글에서 '사람들이 하는 많은 기도 중 대다수는 단지 그 맡은 일을 좀 더 근면히 하면 해결되는 일이다'라는 구절을 읽은 적이 있었습니다.

누구나 직장생활을 시작하는 초기의 몇 년간은 그렇게 우아한 직장인으로 살 수가 없고, 일을 배우고 적응하느라고 고생하면서 투자를 해야 할 필요가 있습니다. 그러니까, 저는 믿음을 가진 직장인들은 좀 더 담대하게 이런저런 어려움에 임하고, 이런 일에 대해서 너무 엄살을 부리고 애같이 굴지 않는 편이 좋겠다고 생각합니다.

회사나 직장에서의 신앙모임은 믿음의 선후배 간에 불필요한 시험에 넘어지지 않도록 도와주고 세상의 경쟁과 성취욕에 빠져들어 가는 것을 막아주는 좋은 방패의 역할을 할 수 있습니다. 여러분도 어떤 형태의 회사나 직장에 근무하든지 혼자서의 힘으로만 버티려고 하지 말고, 기존의 신앙모임이 있으면 들어가거나 기존의 신앙모임이 없으면 주변의 동료와 선배를 찾아내서 두세 명이라도 곧바로 모임을 시작하고, 거기에서 크리스천 직장인으로서의 진지를 구축하시기를 진심으로 권합니다.

토론할 주제 3-5

1. 내 직장 속의 하나님 나라를 생각해 보자

❶. 내 직장이 기독교 기업이 아닌데도 그 속에 하나님 나라의 공간이 만들어질 수 있을까?

❷ 나는 내 직장에서 하나님 나라의 대표자 (대사) 노릇을 할 수 있을까?

❸ 하기 어렵다고 느껴진다면 그 이유는 무엇인가?

2. 내 직장에서의 신앙모임을 생각해 보자

❶ 내 직장에는 나 말고도 열심히 믿는 크리스천 동료, 선후배들이 있는가?

❷ 내 직장에 이미 동료 선후배 간의 신앙모임이나 기도 모임이 있다면, 이 모임에 대한 나의 경험과 생각을 나누어 보자.

❸ 내 직장에 아직 신앙모임이 없다면, 동료 선후배들과 힘을 모아 신앙모임이나 기도 모임을 만들어 볼 수 있을까?

❹ 내 직장이 단독으로 신앙모임을 만들 규모가 되지 않는 경우, 인근의 동종업종 직장인들과 함께 신앙모임이나 기도모임을 만들 가능성은 있는가?

6.

'일용할 양식을 구하는
일상(日常)'의 중요성

"뜻이 하늘에서 이루어진 것 같이 땅에서도 이루어지이다" (마태복음 6:10b)

우리 주변에는 이 세상에서 도움을 받기 힘든 고아와 과부,
나그네와 가난한 사람들을 위해 자신의 이익을 희생하고 공
익과 인권 보호에 투신하는 크리스천 활동가들이 있습니다.
저는 그렇게 하지 못하지만, 자랑스러운 일이고 기쁜 일[32]입
니다. 우리는 이런 헌신적인 형제자매들이 지쳐 쓰러지지
않도록 믿음의 동역자로서 함께 고민하고 공궤(供饋)하고 중

---

32 "하나님 아버지 앞에서 정결하고 더러움이 없는 경건은 곧 고아와 과부를 그 환난
중에 돌보고 또 자기를 지켜 세속에 물들지 아니하는 그것이니라." (야고보서 1:27)

보해야 합니다.

그러나 인권과 공익 또는 선교를 위해서 헌신하는 일만이 더 가치가 있고, 일반적으로 일용할 양식을 구하기 위해서 살아가는 직장인들의 일상(日常)적인 일은 가치가 없다고 멸시하거나 세상 타협적이고 하나님적(的)이지 않다고 느끼는 생각은 비성경적이고 한편 위험하기까지 합니다.

우선 성경은 내 손으로 일해서 먹고살 것을 명령하고 있다는 점에 주목해야 합니다. 그러려면 직장에 들어가든지 사무실을 차리든지 '땀을 흘려서 식물(食物)을 구하기 위한 노동'을 해야 합니다. 하나님은 세상을 사랑하지 말라고 하셨지, 세상 속에서 살지 말라고 하시지는 않았습니다. 그러니까 세상 속에서 살면서 세상을 사랑하지 않으려면, 직장에 들어가서 일을 하고 돈을 벌고 고객과 사업을 유치하고 가격 흥정을 하고 때로는 잘 난 척도 하고 피알도 하면서 세상을 살고 견뎌내야 합니다. 성경 어디에도 먹고사는 일을 하지 말라는 얘기는 없습니다.

먹고사는 일상의 일은 나의 삶과 이웃의 삶, 즉 직장 동료들의 삶과 의뢰인의 삶이 긴밀히 연결되는 장소입니다. 예수님이 베드로에게 "내 양을 먹이라"고 하신 명령(요한복음

21:17)과, "너희는 온 천하(天下)에 다니며 만민에게 복음을 전파하라"는 명령(마가복음 16:15)이 우리 모두에게 적용되는 것일진대, 우리가 직장에서 먹고살기 위해 하는 모든 일은 하나님이 나에게 주신 양을 먹이고, 천하에 다니며 만민에게 복음을 전파하는 중요한 일입니다. 이것은 결코 무시할 수 없는 일입니다. 우리 모두의 일상은 하나님 나라 싸움의 주전장(主戰場)입니다. 우리들의 일상 속에서 하나님 나라의 원칙과 세상 나라의 원칙은 격렬하게 부딪힙니다. 이 속에서 하나님 나라의 깃발을 들고 진지를 구축하고 방어하고 공격하며 살아가는 일이 이 시대 예수 믿는 모든 사람의 사명이라고 생각합니다. 만일 우리가 우리의 생업과 직장생활을 천시하고 이것을 무시한다면, 이것은 결국 우리가 할 일을 하지 않는 무책임으로 귀결될 것입니다.

그렇다면, 우리가 일용할 양식을 구하는 일상 속에서 하나님을 미친 듯이 믿고 하나님 나라의 일꾼으로 사는 것이 '일반적 원칙'이고, 자기를 좀 더 부인하고 고아와 과부, 나그네들을 위해 헌신한 일꾼으로 씩씩하게 일하는 것은 '소중한 예외'라고 생각할 수 있습니다. 원칙과 예외, 일상과 헌신, 일반 직장인과 공익활동가, 모두가 힘을 합하여 자기 자리에서 자기를 부인(否認)하고, 온 세상에 하나님 말씀의 능력을 촘촘히 채워나가는 일에 협력해 나가야 합니다.

토론할 주제 3-6

1. 하나님 뜻을 땅(세상)에서 이룬다는 것의 의미

❶ '하나님의 뜻을 땅(세상)에서 이룬다는 것'이 무엇을 의미하는지, 생각해 보고 함께 나누어보자.

❷ 하나님의 뜻을 땅(세상)에서도 이룬다는 것은 어떤 일들을 필요로 할지 구체적으로 열거해 보자.

- 공익활동가로서 하나님의 뜻을 땅에서 이루는 것

- 선교사/목회자로서 하나님 뜻을 땅에서 이루는 것

- 직장인/평신도로서 하나님 뜻을 땅에서 이루는 것

2. 하나님의 뜻을 땅(직장)에서 이룬다는 것의 의미

❶ 하나님의 뜻을 나의 직업에서 이룬다면 어떤 것일까?

❷ 하나님의 뜻을 나의 직장에서 이룬다면 어떤 것일까?

3. 하나님의 뜻을 이루는 일꾼

❶ 내가 직장인/평신도로서 하나님의 뜻을 세상과 직장에서 이루는 일꾼으로 산다는 것의 의미는 무엇일까?

❷ 내게 직장인/평신도로서 하나님의 뜻을 세상과 직장에서 이루는 일꾼으로 살고 싶은 소망을 주는 것에는 무엇이 있을까?

4장 믿음으로 사는 법_결론

단단한 믿음이 주는 인생의 당당함과 자유

맺는말

———

하나님을 믿는 것은 즐겁고 아주 재미있는 일입니다. 이 세상에서 하나님 믿는 일보다 더 재미있는 일은 없습니다. 또한 단단한 믿음은 우리 인생에 당당함과 자유(自由)를 줍니다. 세상에서 인생을 사는 일은 쉽지가 않고, 직장생활을 하면서 먹고사는 일도 만만치 않지만, 믿음의 힘은 세상의 힘보다 훨씬 셉니다. 우리는 열심히 일해서 일용할 양식을 구하고, 일상의 생활 속에서 동료 이웃들과 함께 도와가면서 천연덕스럽게 이 세상을 살아가야 하지만, 우리 마음속에서는 세상일의 즐거움으로 사는 것이 아니라 예수에 미친 사람으로서, 하나님 믿는 일 외에는 아무것에도 별 의미가 없는 사람으로 살아야 합니다.

온 천하에 복음을 전하라는 예수님의 말씀을 듣고, 자기를 부인하고 자기 십자가를 지라고 하신 예수님의 말씀을 붙잡고, 우리는 내 삶의 현장을 나의 온 천하(天下)로 삼고, 그곳에서 나의 욕망과 허영을 부인(否認)하면서, 장성한 믿음, 실력 있는 믿음을 사용하며 하나님 나라의 일꾼으로 살아가는 십자가(十字架)를 져야 합니다. 아직 모든 것이 준비가 덜 되어 있고 많은 일이 조심스럽고 어렵다고 해도, 하나님이 주시는 능력과 기쁨과 용기가 세상 속에서 직업을 가지고 직장생활을 하는 우리 모든 형제자매의 인생과 일상에 가득 채워지기를 기도합니다.

바쁘고 경쟁적인 **"직장에서도 의미 있는 신앙생활이 가능한가?"** 이 질문에 대한 저의 답변은 하나님은 이 땅의 어디에도 계시고, 이 땅의 어디에도 하나님의 구원과 위로를 구하는 하나님의 백성들이 있기 때문에, **"직장에서도 의미 있는 신앙생활은 가능하다!"**는 것입니다.

다만, 일반적으로 돈을 버는 회사들은 규모가 크면 큰 대로 규모가 작으면 작은 대로 욕심이나 불안감에 의해 **'세상이 강하므로'** 우리가 충분한 신념과 크리스천으로서의 정체성을 갖지 않으면, 직장에서는 '끊임없이 일하고 먹고 마시는' 이방인의 삶에 빠져버리고 주말에 교회에 출석했을 때에만 기도하고 찬양하는 무기력한 크리스천으로 전락할 큰 위험이 있습니다.

직장생활 몇 년을 통해서 '열심히 믿던 크리스천'이 '열심히 세상의 성공을 추구하는 적극적인 직장인'으로 바뀝니다. 일을 잘하는 것은 좋은 일이고, 또 하나님 나라의 관점에서도 가급적 일은 잘 해야 합니다만, "유능한 직장인"이 되는 것 또는 "유능한 (크리스천) 직장인"이 되는 것이 우리들 믿음의 목표는 될 수 없습니다.

하지만, 똑바로 정신을 차리고 본다면, 하나님의 일은 가난한 사람들 가운데에도 있고 중산층이나 부유한 사람들 가운데에도 있으며, 개인의 일에도 있고 기업들의 경제적인 일들 사이에도 있으며, 돈을 가지고 싸우는 민사 분쟁 속에도 존재하고, 타인(이웃)을 위하여 물건을 만들거나 서비스를 제공하는 모든 일들 속에 존재하므로, 우리가 일하는 직장들은 그 규모 여하와 무관하게 모두 우리가 하나님 나라의 일꾼으로서 하나님 나라를 위하여 일하는 적극적인 싸움의 현장이 될 수 있습니다.

내가 하나님 나라의 일꾼으로서 뚜렷한 정체성을 가지

고, 하나님을 향한 사랑과 믿음을 굳건히 잡고 있다면, 직장에서 우리가 만나는 동료, 고객들은 모두 하나님 나라의 일을 위한 온 천하의 사람들이 될 수 있습니다.

우리의 인생을 특정한 직업으로 전부 채우려고 하는 것은 오해이기도 하고 성공하기 불가능한 일이기도 합니다. 그러나 우리가 어느 직장에서 어떤 일을 하고 있든지 우리의 인생의 중심은 '믿는 사람으로서 살아가는 것'이고, 우리가 있는 직장과 내가 하는 직업으로서의 일은 생계의 수단일 뿐 아니라 우리의 믿음을 실현해 나가는 '그릇'이라고 생각한다면, 우리는 내가 일하는 직장이나 그 업무에 지배당하지 않고 더 자유롭고 당당한 크리스천 직장인으로서 살아갈 수 있습니다.

우리들은 누구나 직장에서 여러 가지 고민과 고생을 하면서 살아갑니다. 직장의 초년병도 힘들지만 직장의 고참들도 힘든 것은 마찬가지입니다. 하나님의 은혜와 진리로 현실적인 어려움이나 갈등을 극복하고, 직장 내와 밖에 있는 동료 직장인들과 격려를 나누면서, 하루하루 크리스천 직장인으로서의 즐거움과 당당함과 자유를 찾아나가는 씩씩한 신앙생활을 해 나가시기를 기도합니다.

직장에서 믿음으로 사십니까?

초판 1쇄 인쇄 2021년 5월 7일
초판 1쇄 발행 2021년 5월 14일

지은이 이병주
펴낸이 정선숙

펴낸곳 협동조합 아바서원
등록 제 274251-0007344
주소 경기도 고양시 덕양구 삼원로51, 원흥하이필드 지식산업센터 606호
전화 02-388-7944 **팩스** 02-389-7944
이메일 abbabooks@hanmail.net

©협동조합 아바서원, 2021

ISBN 979-11-90376-25-9
잘못 만들어진 책은 구입한 곳에서 교환해 드립니다.